总体国家安全观普及丛书

GUOJIA WANGLUO ANQUAN ZHISHI BAIWEN

国家网络安全知识
百问

本书编写组

人民出版社

前　言

　　习近平总书记提出的总体国家安全观立意高远、思想深刻、内涵丰富，既见之于习近平总书记关于国家安全的一系列重要论述，也体现在党的十八大以来国家安全领域的具体实践。总体国家安全观的关键是"总体"，强调"大安全"理念，涵盖政治、军事、国土、经济、文化、社会、科技、网络、生态、资源、核、海外利益、太空、深海、极地、生物等诸多领域，而且将随着社会发展不断拓展。党的二十大报告指出，必须坚定不移贯彻总体国家安全观，把维护国家安全贯穿党和国家工作各方面全过程；提高各级领导干部统筹发展和安全能力，增强全民国家安全意识和素养。二十届中央国家安全委员会第一次会议，审议通过了《关于全面加强国家安全教育的意见》。为推动学习贯彻总体国家安全观走深走实，在第十个全民国家安全教育日到来之际，中央有关部门在组织编写科技、文化、金融、生物、生态、核、数据、海外利益、人工智能、经济、深海、极地等重点领域国家安全普及读本基础上，又组织编写了第五批国家安全普及读本，涵盖社会安全、网络安全、太空安全3个领域。

读本采取知识普及与重点讲解相结合的形式，内容准确权威、简明扼要、务实管用。读本始终聚焦总体国家安全观，准确把握党中央最新精神，全面反映国家安全形势新变化，紧贴重点领域国家安全工作实际，并兼顾实用性与可读性，插配了图片、图示和视频、资料二维码，对于普及总体国家安全观教育和提高公民"大安全"意识，很有帮助。

总体国家安全观普及读本编委会

2025 年 4 月

C目录
ONTENTS

目　录

篇 三

★ 网络安全等级保护和关键信息 ★
基础设施安全防护

篇 四

★ **数据安全和个人信息保护** ★

篇 五

★ 网络安全事件预防和应急处置 ★

篇 六

★ **网络安全审查和云计算服务安全评估** ★

篇 七

★ **新技术新应用网络安全风险和应对** ★

目 录
CONTENTS

篇 八

★ 网络安全教育技术产业融合发展 ★

篇 九

★ 网络安全国际合作 ★

篇一

树立正确的网络安全观

什么是网络安全？

网络安全，是指通过采取必要措施，防范对网络的攻击、侵入、干扰、破坏和非法使用以及意外事故，使网络处于稳定可靠运行的状态，以及保障网络数据的完整性、保密性、可用性的能力。网络安全的本质在对抗，对抗的本质在攻防两端能力较量。

 国家网络空间主权的内涵是什么？

网络空间主权是国家主权在网络空间的自然延伸，是一国基于国家主权对本国境内的网络基础设施、网络主体、网络行为及相关网络数据和信息等所享有的对内最高权和对外独立权，主要包括独立权、平等权、管辖权、防卫权等权利。网络空间主权作为国家主权的重要组成部分，尊重网络空间主权，维护网络安全，谋求共治，实现共赢，正在成为国际社会共识。我国在《网络安全法》《国家网络空间安全战略》《网络空间国际合作战略》等法律、战略规划中明确提出维护国家在网络空间的主权。

 如何理解没有网络安全就没有国家安全？

　　随着数字化、网络化、智能化加速转型，经济社会发展对信息网络高度依赖，网络空间与现实空间深度融合，网络安全威胁和风险愈发突出。网络攻击、供应链中断，乃至关键信息基础设施、大型互联网平台等重要信息系统出现问题，都很可能导致金融紊乱、电网崩溃、交通瘫痪、通信中断，危害经济社会稳定运行。与此同时，数据安全、个人信息保护、供应链安全等问题日益突出，以人工智能为代表的新技术应用带来新的网络安全风险和挑战，需要解决的矛盾和问题比以往更加错综复杂，网络安全已成为最复杂、最现实、最严峻的非传统安全问题之一。

> **❯ 重要论述　没有网络安全就没有国家安全**
>
> 2018 年 4 月，习近平总书记在全国网络安全和信息化工作会议上指出："网络安全牵一发而动全身，深刻影响政治、经济、文化、社会、军事等各领域安全。没有网络安全就没有国家安全，就没有经济社会稳定运行，广大人民群众利益也难以得到保障。"
>
> 《阔步迈向网络强国》第 4 集　筑牢网络安全屏障
>
>

 树立正确的网络安全观需要把握哪些特点？

树立正确的网络安全观，需要重点把握以下五个特点：一是网络安全是整体的而不是割裂的。维护网络安全必须有全局视野、大局意识，从整体出发谋划、推进、落实网络安全工作。二是网络安全是动态的而不是静态的。网络安全的博弈是魔高一尺道高一丈，不可能一劳永逸，需要树立动态的防护理念，及时监测态势变化，始终将维护网络安全作为常态化的工作。三是网络安全是开放的而不是封闭的。互联网

网络安全包含哪些辩证关系

一是 网络安全是整体的而不是割裂的。

二是 网络安全是动态的而不是静态的。

三是 网络安全是开放的而不是封闭的。

四是 网络安全是相对的而不是绝对的。

五是 网络安全是共同的而不是孤立的。

网络安全包含的辩证关系

具有高度全球化的特征，只有立足开放环境，提高开放水平，吸收先进技术，网络安全水平才能不断提高。四是网络安全是相对的而不是绝对的。网络安全防护是不断进步发展的过程，网络安全事件具有突发性，网络对抗往往攻易守难，不可能在特定时间段内实现超越当下网络安全技术水平的绝对安全。五是网络安全是共同的而不是孤立的。维护网络安全，需要政府、企业、社会组织、广大网民共同参与，还需要各国加强沟通、扩大共识、深化合作。

 网络安全和信息化是什么关系？

　　网络安全和信息化是一体之两翼、驱动之双轮，必须统一谋划、统一部署、统一推进、统一实施。做好网络安全和信息化工作，要处理好安全和发展的关系，做到协调一致、齐头并进，以安全保发展、以发展促安全，努力建久安之势、成长治之业。

> **❯ 重要论述**　统筹发展和安全

2020 年 12 月，习近平总书记在主持中共十九届中央政治局第二十六次集体学习时强调："坚持统筹发展和安全，坚持发展和安全并重，实现高质量发展和高水平安全的良性互动，既通过发展提升国家安全实力，又深入推进国家安全思路、体制、手段创新，营造有利于经济社会发展的安全环境，在发展中更多考虑安全因素，努力实现发展和安全的动态平衡，全面提高国家安全工作能力和水平。"

 如何理解保障网络安全就必须突破信息领域的核心技术？

当前，新一轮科技革命和产业变革深入发展，科技创新成为国际战略博弈的主要战场，围绕网络信息技术创新高地的竞争日趋激烈。在激烈的国际竞争面前，在单边主义、保护主义上升的大背景下，核心技

术是我们最大的命门，核心技术受制于人是我们最大
的隐患。不掌握核心技术，我们就会被卡脖子、牵鼻
子，不得不看别人脸色行事，网络强国建设就会成为
空中楼阁，成为沙滩上的城堡，经不起半点风浪。要
掌握我国互联网发展主动权，保障互联网安全、国家
安全，就必须突破核心技术这个难题，必须走出适合
国情的中国特色自主创新道路，坚决打赢信息领域核
心技术攻坚战。

**成立中国共产党中央网络安全和信息
化领导小组（中央网络安全和信息化
委员会）的背景和重大意义是什么？**

　　党的十八大以来，以习近平同志为核心的党中
央高度重视互联网、发展互联网、治理互联网，作
出一系列重大决策、重要部署，提出一系列新思想
新观点新论断。习近平总书记在对党的十八届三中
全会《中共中央关于全面深化改革若干重大问题的

决定》的说明中明确表示："面对互联网技术和应用飞速发展，现行管理体制存在明显弊端，主要是多头管理、职能交叉、权责不一、效率不高。同时，随着互联网媒体属性越来越强，网上媒体管理和产业管理远远跟不上形势发展变化。"该《决定》明确提出，要坚持积极利用、科学发展、依法管理、确保安全的方针，加大依法管理网络力度，加快完善互联网管理领导体制。

2014年2月27日，中央网络安全和信息化领导小组宣告成立，习近平总书记亲自担任组长。中央网络安全和信息化领导小组的成立是中国互联网管理领导体制的重大改革创新，开启了中国互联网发展和治理的一个崭新时代，体现了党中央保障网络安全、维护国家利益、推动信息化发展的决心，标志着中国由网络大国迈向网络强国步入快车道。2018年3月，根据中共中央印发的《深化党和国家机构改革方案》，中央网络安全和信息化领导小组改为中央网络安全和信息化委员会。

**习近平总书记关于网络安全工作
"四个坚持"的重要指示是什么？**

　　2019 年 9 月，在第六个国家网络安全宣传周开幕之际，习近平总书记专门对网络安全工作作出"四个坚持"的重要指示，强调国家网络安全工作要坚持网络安全为人民、网络安全靠人民，保障个人信息安全，维护公民在网络空间的合法权益；要坚持网络安全教育、技术、产业融合发展，形成人才培养、技术创新、产业发展的良性生态；要坚持促进发展和依法管理相统一，既大力培育人工智能、物联网、下一代通信网络等新技术新应用，又积极利用法律法规和标准规范引导新技术应用；要坚持安全可控和开放创新并重，立足于开放环境维护网络安全，加强国际交流合作，提升广大人民群众在网络空间的获得感、幸福感、安全感。"四个坚持"的重要指示明确了网络安全工作的基本原则、方法路径，阐释了国家安全和人民安全、促进发展和依法管理、安全可控和开放创新等网络安全重大关系。

网络安全工作"四个坚持"

☑ 坚持网络安全为人民、网络安全靠人民。

☑ 坚持网络安全教育、技术、产业融合发展。

☑ 坚持促进发展和依法管理相统一。

☑ 坚持安全可控和开放创新并重。

网络安全工作"四个坚持"原则要求

习近平对国家网络安全宣传周作出重要指示强调　坚持安全可控和开放创新并重　提升广大人民群众在网络空间的获得感幸福感安全感

党的二十届三中全会对网络安全工作提出了哪些新任务新要求？

2024年7月18日，党的二十届三中全会通过《中共中央关于进一步全面深化改革　推进中国式现代化的决定》。该《决定》对进一步全面深化改革、推进中国式现代化发起了总动员、作出了总部署，对网络安全工作提出了"加强网络安全体制建设，建立人工智能安全监管制度""提升数据安全治理监管能力，建立高效便利安全的数据跨境流动机制""构建联动高效的国家安全防护体系，推进国家安全科技赋能""健全重大安全领域指挥功能"等一系列新任务新要求，为新形势下国家网络安全工作指明了前进方向，提供了根本遵循。

篇二

国家网络安全政策法规标准体系

如何理解网络安全政策法规体系的"四梁八柱"?

"四梁八柱"形象地概括了支撑网络安全政策法规体系的主要框架和关键要素。近年来，我国加快推进网络安全领域顶层设计，相继施行《网络安全法》《密码法》《数据安全法》《关键信息基础设施安全保护条例》《个人信息保护法》《网络数据安全管理条例》等法律法规；制定出台《党委（党组）网络安全工作责任制实施办法》等党内法规；颁布《国家网络空间安全战略》等战略规划；制定《云计算服务安全评估办法》《网络安全审查办法》《汽车数据安全管理若干规定（试行）》《生成式人工智能服务管理暂行办法》《互联网政务应用安全管理规定》等政策文件；制定发布 390 余项国家标准，主导和参与 60 余项国际标准。这些法律法规、战略规划和政策文件，基本构建起网络安全政策法规体系的"四梁八柱"，网络安全法治保障显著增强。

我国已经基本构建起网络安全政策法规体系的"四梁八柱"

制定出台《国家网络空间安全战略》等战略规划。

颁布《网络安全法》《数据安全法》《个人信息保护法》《密码法》《关键信息基础设施安全保护条例》《网络数据安全管理条例》等法律法规。

出台《网络安全审查办法》《云计算服务安全评估办法》《汽车数据安全管理若干规定（试行）》《生成式人工智能服务管理暂行办法》《互联网政务应用安全管理规定》等政策文件。

建立关键信息基础设施安全保护、云计算服务安全评估、数据出境安全管理、网络安全服务认证等一系列重要制度。

国家网络安全政策法规体系的"四梁八柱"

11 《国家网络空间安全战略》的重要意义和主要内容是什么？

  2016 年 12 月 27 日，国家互联网信息办公室发布《国家网络空间安全战略》，阐明了中国关于网络空间发展和安全的重大立场和主张，明确了战略方针和主要任务，切实维护国家在网络空间的主权、安全、发展利益，是指导国家网络安全工作的纲领性文件。

《国家网络空间安全战略》提出，要以总体国家安全观为指导，贯彻落实创新、协调、绿色、开放、共享的新发展理念，增强风险意识和危机意识，统筹国内国际两个大局，统筹发展安全两件大事，积极防御、有效应对，推进网络空间和平、安全、开放、合作、有序，维护国家主权、安全、发展利益，实现建设网络强国的战略目标。《国家网络空间安全战略》明确了当前和今后一个时期国家网络空间安全工作的战略任务是坚定捍卫网络空间主权、坚决维护国家安全、保护关键信息基础设施、加强网络文化建设、打击网络恐怖和违法犯罪、完善网络治理体系、夯实网络安全基础、提升网络空间防护能力、强化网络空间国际合作等九个方面。

为什么说《网络安全法》是我国第一部全面规范网络安全管理方面的基础性法律？

《中华人民共和国网络安全法》自 2017 年 6 月 1 日起施行。该法是我国第一部全面规范网络安全的基础性法律。该法确立了网络安全基本原则，明确了网络安全和信息化领域基础制度，对于落实总体国家安全观，维护国家网络空间主权、安全和发展具有十分重要的意义，为推进网络强国建设提供了重要法律保障。

> **❯ 延伸阅读** 外企和驻华机构的网络是否适用《网络安全法》？
>
> 《网络安全法》第二条明确，在中华人民共和国境内建设、运营、维护和使用网络，以及网络安全的监督管理，适用本法。因此，外企和驻华机构的网络如果在中华人民共和国境内，则适用本法。

《网络安全法》规定个人和组织应当承担哪些责任和义务？

　　《网络安全法》规定，任何个人和组织使用网络应当遵守宪法法律，遵守公共秩序，尊重社会公德，不得危害网络安全，不得利用网络从事危害国家安全、荣誉和利益，煽动颠覆国家政权、推翻社会主义制度，煽动分裂国家、破坏国家统一，宣扬恐怖主义、极端主义，宣扬民族仇恨、民族歧视，传播暴力、淫秽色情信息，编造、传播虚假信息扰乱经济秩序和社会秩序，以及侵害他人名誉、隐私、知识产权和其他合法权益等活动。

《中华人民共和国网络安全法》全文

《网络安全法》中的网络运营者指什么？

《网络安全法》第七十六条定义，网络运营者是指网络的所有者、管理者和网络服务提供者。实际工作中，网络所有者、管理者和网络服务提供者这三类角色往往不是由同一主体承担的。"所有者"强调属主概念，即网络资产的实际所有人。"管理者"不能理解为网络的主管部门，而是实际负责网络运行的组织。"网络服务提供者"包含的主体有很多。从电信行业管理角度看，既包含接入服务提供者（ISP），也包含网络内容服务提供者（ICP）。前者可以是网络的所有者或管理者，后者则一般有别于网络的所有者和管理者。但广义上，只要通过网络和信息系统对外提供特定的功能，都可以被认为是网络服务提供者。

❯ 延伸阅读　《网络安全法》规定的网络运营

者的责任和义务

　　《网络安全法》明确规定了网络运营者的责任和义务。其中，第二十一条明确了网络安全等级保护五个方面的要求；第二十二条明确了关于网络运营者提供产品、服务时的要求；第二十四条规定了关于实名制的要求；第二十五条规定了关于网络安全事件处置的要求；第二十八条规定了关于提供技术支持和协助的要求；第四十条、第四十一条、第四十二条、第四十三条规定了关于用户和个人信息保护的要求；第四十七条规定了关于信息发布的要求；第四十九条规定了关于投诉举报和配合网信等部门实施监督检查的要求。

15 《数据安全法》的出台对保障国家数据安全有何重要意义？

　　《中华人民共和国数据安全法》作为我国关于数据安全的首部法律，自 2021 年 9 月 1 日起施行。该法是我国数据安全领域的基础性法律，也是国家安全领域的一部重要法律，标志着我国在数据安全领域有法可依，为各行业数据安全提供监管依据。随着《数据安全法》的正式出台，我国网络法律法规体系进一步完善，为后续立法、执法、司法相关实践提供了重要法律依据，为数字经济的安全健康发展提供了有力支撑。

《中华人民共和国数据安全法》全文

16 《数据安全法》规定了哪些数据安全制度与机制？

《数据安全法》明确建立数据安全相关制度。一是国家建立数据分类分级保护制度。二是国家建立集中统一、高效权威的数据安全风险评估、报告、信息共享、监测预警机制。三是国家建立数据安全应急处置机制。四是国家建立数据安全审查制度，对影响或者可能影响国家安全的数据处理活动进行国家安全审查。五是国家对与维护国家安全和利益、履行国际义务相关的属于管制物项的数据依法实施出口管制。六是任何国家或者地区在与数据和数据开发利用技术等有关的投资、贸易等方面对我国采取歧视性的禁止、限制或者其他类似措施的，我国可以根据实际情况对该国家或者地区对等采取措施。

 《个人信息保护法》对个人信息保护作出了哪些主要规定？

《中华人民共和国个人信息保护法》自 2021 年 11 月 1 日起施行。该法共 8 章 74 条，在有关法律的基础上进一步细化、完善个人信息保护应遵循的原则和个人信息处理规则，明确个人信息处理活动中的权利义务边界，健全个人信息保护工作体制机制。

《个人信息保护法》明确了个人信息的概念和处理规则，对处理人脸信息等敏感个人信息进行规制，强调不得过度收集个人信息，禁止商家通过自动化决策进行"大数据杀熟"，对公共场所安全图像采集、个人身份识别设备作出规范。

《中华人民共和国个人信息保护法》全文

 # 《密码法》如何护航网络安全？

在保障网络安全的各种技术中，密码是目前世界上公认的最有效、最可靠、最经济的关键核心技术。在网络世界，密码就像一个看不见的卫士，在社会生产生活的各个方面发挥着基础支撑作用，维护着国家网络空间的主权、安全和发展。

《中华人民共和国密码法》自 2020 年 1 月 1 日起施行。制定和实施《密码法》，就是要规范密码应用和管理，引导全社会合规、正确、有效地使用密码，让密码在网络空间更加主动、更加充分地发挥保障作用，构建起以密码技术为核心、多种技术交叉融合的网络空间新安全体制。作为我国密码领域第一部综合性、基础性法律，《密码法》与《国家安全法》《网络安全法》等法律法规一起，共同构成国家安全法律制度体系，进一步筑牢网络安全，护卫国家安全。

> **❯ 延伸阅读　什么是"密码"**
>
> 　　提到"密码"，很多人会想到手机开机"密码"、电子邮箱登录"密码"、微信登录"密码"、银行卡支付"密码"等。这些生活中经常接触到的"密码"实际上是一种口令，是一种简单、初级的身份认证手段，是最简易的密码。
>
> 　　《密码法》中的密码，是指采用特定变换的方法对信息等进行加密保护、安全认证的技术、产品和服务。它的主要功能有两个：一个是加密保护，另一个是安全认证。前者是指将原来可读的信息变成不能识别的符号序列，后者是指确认主体和信息的真实可靠性。

《中华人民共和国密码法》全文

 《关键信息基础设施安全保护条例》出台的背景是什么?

关键信息基础设施是经济社会运行的神经中枢，是网络安全的重中之重。近年来，全球范围内针对关键信息基础设施的网络攻击破坏、窃密等日趋加剧，涉及众多行业领域，其影响范围之广、程度之深，令人震惊。

《关键信息基础设施安全保护条例》自 2021 年 9 月 1 日起施行。这是我国首部专门针对关键信息基础设施安全保护工作的行政法规，为开展关键信息基础设施安全保护工作提供了基本遵循，对维护国家安全、保障经济社会健康发展、维护公共利益和公民合法权益具有重大意义。

《关键信息基础设施安全保护条例》全文

 《网络数据安全管理条例》主要规定了哪些内容？

　　《网络数据安全管理条例》自 2025 年 1 月 1 日起施行。该《条例》旨在规范网络数据处理活动，保障网络数据安全，促进网络数据依法合理有效利用，保护个人、组织的合法权益，维护国家安全和公共利益。该《条例》共 9 章 64 条，主要规定了以下几方面内容：一是提出网络数据安全管理总体要求和一般规定。二是细化个人信息保护规定。三是完善重要数据安全制度。四是优化网络数据跨境安全管理规定。五是明确网络平台服务提供者义务。

《网络数据安全管理条例》全文

 《未成年人网络保护条例》中对未成年人的个人信息保护有哪些特殊规定?

　　《未成年人网络保护条例》自 2024 年 1 月 1 日起施行。在保护未成年人个人信息方面，该《条例》明确规定网络服务提供者为未成年人提供信息发布、即时通讯等服务的，应当依法要求未成年人或者其监护人提供未成年人的真实身份信息；规定网络直播服务提供者应当建立网络直播发布者真实身份信息动态核验机制；规定监护人应当教育引导未成年人增强个人信息保护意识和能力、指导未成年人行使相关权利；明确发生或者可能发生未成年人个人信息泄露、篡改、丢失时，个人信息处理者的安全事件应急处置要求；规定个人信息处理者应当严格设定未成年人个人信息访问权限、开展未成年人个人信息合规审计；明确加强未成年人私密信息保护。

《未成年人网络保护条例》全文

 《党委（党组）网络安全工作责任制实施办法》规定了哪些网络安全责任?

《党委（党组）网络安全工作责任制实施办法》规定，各级党委(党组)主要承担的网络安全责任是：

（1）认真贯彻落实党中央重大决策部署和习近平总书记关于网络安全工作的重要指示精神，贯彻落实网络安全法律法规，明确本地区本部门网络安全的主要目标、基本要求、工作任务、保护措施。

（2）建立和落实网络安全责任制，把网络安全工作纳入重要议事日程，明确工作机构，加大人力、财力、物力的支持和保障力度。

（3）统一组织领导本地区本部门网络安全保护和重大事件处置工作，研究解决重要问题。

（4）采取有效措施，为公安机关、国家安全机关依法维护国家安全、侦查犯罪以及防范、调查恐怖活动提供支持和保障。

（5）组织开展经常性网络安全宣传教育，采取多种方式培养网络安全人才，支持网络安全技术产业发展。

23 《互联网政务应用安全管理规定》的适用范围有哪些？

2024 年 5 月 15 日，中央网信办、中央编办、工业和信息化部、公安部等四部门联合印发《互联网政务应用安全管理规定》，自 2024 年 7 月 1 日起施行。该《规定》明确，互联网政务应用，是指机关事业单位在互联网上设立的门户网站，通过互联网提供公共服务的移动应用程序（含小程序）、公众账号等，以及互联网电子邮件系统。其中，列入关键信息基础设施的互联网门户网站、移动应用程序、公众账号，以及电子邮件系统的安全管理工作，参照该《规定》有关内容执行。

《互联网政务应用安全管理规定》全文

24　为什么说"谁制定标准，谁就拥有话语权；谁掌握标准，谁就占据制高点"?

标准已成为世界"通用语言"，成为全球各国核心竞争力的基本要素，网络安全博弈归根到底争的是标准制定权、规则主导权，维护网络安全必须把网络安全标准牢牢抓在手中。从战略全局看，网络安全标准是国家网络安全保障体系的重要组成部分。《网络安全法》明确"国家建立和完善网络安全标准体系"，充分体现了标准的战略地位。从国际竞争看，网络安全标准体现了国际话语权和制高点，世界各主要发达国家均把标准作为重要战略性资源，国际标准特别是网络安全国际标准已经成为各国竞争的焦点。从产业发展看，网络安全标准是培育新质生产力的重要技术基础。加强科技创新、及时应用科技创新成果，提升产业链供应链韧性和安全水平，促进数字经济与实体经济深度融合，都需要发挥标准的引领和支撑作用。

25 标准化工作在网络安全工作中发挥什么作用？

互联网的根子是技术协议，技术协议的根子是标准。网络安全标准作为构建网络空间安全保障体系的重要组成部分，是加强网络安全顶层设计和统筹规划的重要手段，是国家网络安全政策法规实施的有效保障，是进行网络安全管理的重要抓手，是规范引领产业健康发展的重要保障，在推动网络治理体系变革、支撑构建国家网络安全防御体系、科学指导规范新技术应用等方面发挥着基础性、全局性、根本性、规范性、引领性作用。做好新时代网络安全标准化工作，是推进网络强国建设的重要支撑，是提升网络空间国际话语权和影响力的重要途径。

> ❯ **延伸阅读**　**全国网络安全标准化技术委员会**

为推进网络安全标准化工作，经国家标准化管理委员会批准，在全国信息安全标准化技术委员会的基础上组建全国网络安全标准化技术委员会（简称"网安标委"，编号 TC260）。

网安标委是网络安全专业领域从事标准化工作的技术组织，对网络安全国家标准进行统一技术归口，统一组织申报、送审和报批，具体范围包括网络安全技术、机制、服务、管理、评估等领域。网安标委由国家标准委领导，业务上受中央网信办指导，下设 9 个工作组，包括：网络安全标准体系与协调工作组（WG1）、保密标准工作组（WG2）、密码技术标准工作组（WG3）、鉴别与授权标准工作组（WG4）、网络安全评估标准工作组（WG5）、通信安全标准工作组（WG6）、网络安全管理标准工作组（WG7）、数据安全标准工作组（WG8）和新技术安全标准特别工作组（SWG-ETS）。网安标委现有工作组成员单位上千家，汇聚了"政、产、学、研、用"各相关方，已成为分享、交流、研讨标准化成果与技术检验的重要平台。

 我国在网络安全标准化工作方面有哪些主要工作进展?

　　我国高度重视网络安全标准化工作，构建起了较为完善的网络安全国家标准体系，已制定发布393项网络安全国家标准，系统支撑了国家网络安全保障体系建设。创新开展网络安全"标准周"活动，持续推动标准研制和宣贯实施，促进各方学标准、懂标准、用标准。两次承办国际 SC27 会议，深度参与网络安全国际标准规则制定，主导或参与网络安全国际标准 63 项，已发布 36 项，持续提升我国网络安全国际标准话语权和影响力。

> **延伸阅读** 网络安全"标准周"活动
>
> 为发挥标准的基础性、规范性、引领性作用，促进标准各相关方加强网络安全技术与标准化交流研讨，推进网络安全国家标准项目研究和制修订工作，提升标准研制质量，推动各方学标准、懂标准、用标准，全国网安标委创新组织开展网络安全"标准周"活动。
>
> "标准周"活动每年开展两次，打通"政、产、学、研、用"技术通道，通过系列主题研讨、工作会议、知识培训、知识竞赛等活动，丰富标准宣贯培训形式和宣传渠道，持续推动标准研制和宣贯实施，已成为网络安全领域沟通交流的核心平台之一。

篇三

网络安全等级保护和关键信息基础设施安全防护

网络安全等级保护工作遵循什么工作原则？

网络安全等级保护工作应当遵循分等级保护、突出重点、积极防御、综合防控的原则，建立健全网络安全防护体系，重点保护网络的运行安全和数据安全。

> **❯ 延伸阅读**　什么是网络安全等级保护制度？

网络安全等级保护是指对国家秘密信息、法人和其他组织及公民的专有信息以及公开信息和存储、传输、处理这些信息的网络系统分等级实行安全保护。对网络系统中使用的信息安全产品实行按等级管理，对网络系统中发生的信息安全事件分等级响应、处置。

《网络安全法》规定，国家实行网络安全等级保护制度。网络运营者应当按照网络安全等级保护制度的要求，履行安全保护义务，保障网络免受干扰、破坏或者未经授权的访问，防止网络数据泄露或者被窃取、篡改。

网络安全等级保护制度的五个规定动作是什么？

　　网络安全等级保护是对网络进行分等级保护、分等级监管，有五个规定动作：定级、备案、建设整改、等级测评、监督检查。

　　定级。网络运营者对信息网络、信息系统、网络上的数据和信息，按照重要性和遭受损坏后的危害性分成五个安全保护等级，从第一级到第五级，逐级增高。

　　备案。等级确定后，第二级（含）以上网络到公安机关备案，公安机关对备案材料和定级准确性进行审核，审核合格后颁发备案证明。

　　建设整改。备案单位根据网络的安全等级、安全国家标准开展安全建设整改，建设安全设施、落实安全责任、建立和落实网络安全管理制度。

　　等级测评。备案单位选择符合国家要求的测评机构开展等级测评。

　　监督检查。公安机关对第二级网络进行指导，对第三级、第四级网络定期开展监督、检查。

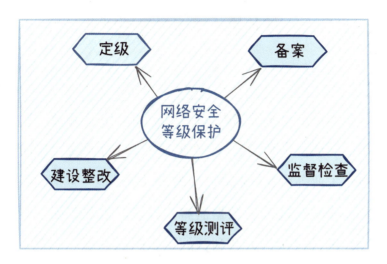

网络安全等级保护的五个规定动作

29　在网络安全等级保护中运营者要承担哪些责任和义务？

　　网络运营者应当开展网络定级备案、安全建设整改、等级测评和自查等工作，采取安全管理和技术保护措施，保障网络的设备设施安全、网络运行安全、数据安全，有效应对网络安全事件，防范网络违法犯罪活动。

30 **什么是关键信息基础设施?**

　　关键信息基础设施是指公共通信和信息服务、能源、交通、水利、金融、公共服务、电子政务、国防科技工业等重要行业和领域的,以及其他一旦遭到破坏、丧失功能或者数据泄露,可能严重危害国家安全、国计民生、公共利益的重要网络设施、信息系统等。

关键信息基础设施

各部门如何协同做好关键信息基础设施安全保护？

在国家网信部门统筹协调下，国务院公安部门负责指导监督关键信息基础设施安全保护工作。国务院电信主管部门和其他有关部门依照《关键信息基础设施安全保护条例》和有关法律、行政法规的规定，在各自职责范围内负责关键信息基础设施安全保护和监督管理工作。省级人民政府有关部门依据各自职责对关键信息基础设施实施安全保护和监督管理。

怎样认定关键信息基础设施

重要行业和领域的主管部门、监督管理部门是负责关键信息基础设施安全保护工作的部门。保护工作部门结合本行业、本领域实际，制定关键信息基础设施认定规则。

制定认定规则主要考虑因素：

（一）网络设施、信息系统对于本行业、本领域关键核心业务的重要程度；

（二）网络设施、信息系统等一旦遭到破坏、丧失功能或者数据泄露可能带来的危害程度；

（三）对其他行业和领域的关联性影响。

怎样认定关键信息基础设施

关键信息基础设施运营者要承担哪些责任和义务？

《关键信息基础设施安全保护条例》要求关键信息基础设施运营者依照本条例和有关法律、行政法规的规定以及国家标准的强制性要求，在网络安全等级保护的基础上，采取技术保护措施和其他必要措施，应对网络安全事件，防范网络攻击和违法犯罪活动，保障关键信息基础设施安全稳定运行，维护数据的完整性、保密性和可用性。

33 **关键信息基础设施发生重大网络安全事件或者发现重大网络安全威胁时，运营者应该开展哪些工作？**

根据《关键信息基础设施安全保护条例》，关键信息基础设施发生重大网络安全事件或者发现重大网络安全威胁时，运营者应当按照有关规定向负责关键信息基础设施安全保护工作的部门、公安机关报告。

　　发生关键信息基础设施整体中断运行或者主要功能故障、国家基础信息以及其他重要数据泄露、较大规模个人信息泄露、造成较大经济损失、违法信息较大范围传播等特别重大网络安全事件或者发现特别重大网络安全威胁时，保护工作部门应当在收到报告后，及时向国家网信部门、国务院公安部门报告。

保护关键信息基础设施　筑牢网络安全屏障
（图片来源：2024 年国家网络安全宣传周《网络安全知识宣传手册》）

34 首个关键信息基础设施安全保护国家标准是什么？

《信息安全技术 关键信息基础设施安全保护要求》是我国第一项关键信息基础设施安全保护的国家标准。该标准提出了以关键业务为核心的整体防控、以风险管理为导向的动态防护、以信息共享为基础的协同联防 3 项关键信息基础设施安全保护基本原则，从分析识别、安全防护、检测评估、监测预警、主动防御、事件处置 6 个方面提出了 111 条安全要求，为运营者开展关键信息基础设施保护工作提供了强有力的标准保障。

35 什么是核心密码、普通密码和商用密码？

《密码法》规定，核心密码、普通密码用于保护国家秘密信息，核心密码保护信息的最高密级为绝密级，普通密码保护信息的最高密级为机密级。核心密码、普通密码属于国家秘密。密码管理部门依照《密码法》和有关法律、行政法规、国家有关规定对核心密码、普通密码实行严格统一管理。商用密码用于保护不属于国家秘密的信息。公民、法人和其他组织可以依法使用商用密码保护网络与信息安全。

36　重要网络与信息系统商用密码"三同步一评估"是什么？

《商用密码管理条例》第三十八条规定，法律、行政法规和国家有关规定要求使用商用密码进行保护的关键信息基础设施，其运营者应当使用商用密码进行保护，制定商用密码应用方案，配备必要的资金和专业人员，同步规划、同步建设、同步运行商用密码保障系统，自行或者委托商用密码检测机构开展商用密码应用安全性评估。

《商用密码应用安全性评估管理办法》第六条规定，法律、行政法规和国家有关规定要求使用商用密码进行保护的网络与信息系统，其运营者应当使用商用密码进行保护，制定商用密码应用方案，配备必要的资金和专业人员，同步规划、同步建设、同步运行商用密码保障系统，并定期开展商用密码应用安全性评估（简称"三同步一评估"）。

《商用密码管理条例》全文	
《商用密码应用安全性评估管理办法》全文	

 为什么要推进商用密码检测认证体系建设？

商用密码检测认证是商用密码治理体系的重要

基础，在商用密码市场准入、事中事后监管、应用推进等方面发挥着关键支撑作用：面向商用密码从业单位能够引导提质升级，增加市场有效供给；面向管理部门能够支持行政监管，提高市场监管效能；面向社会各方能够推动诚信建设，营造良好市场环境；面向国际市场能够促进规则对接，提升市场开放程度。《密码法》明确提出推进商用密码检测认证体系建设，这是深化商用密码行政审批制度改革的重要内

数据安全突出问题

（图片来源：2024 年国家网络安全宣传周《网络安全知识宣传手册》）

容，是依法管理商用密码、规范和促进商用密码应
用、加强密码监管、增强商用密码安全保障能力的
重要支撑。

 什么是电子政务电子认证服务？

《电子政务电子认证服务管理办法》规定，电子
政务电子认证服务是指采用商用密码技术为政务活动
提供电子签名认证服务，保证电子签名的真实性和可
靠性的活动。从事电子政务电子认证服务的机构，应
当经国家密码管理局认定，依法取得电子政务电子认
证服务机构资质。

《电子政务电子认证服务管理办法》全文

篇四

数据安全和个人信息保护

39 什么是数据、网络数据、数据处理、数据安全？

数据，是指任何以电子或者其他方式对信息的记录。

网络数据，是指通过网络处理和产生的各种电子数据。

数据处理，包括数据的收集、存储、使用、加工、传输、提供、公开等。

数据安全，是指通过采取必要措施，确保数据处于有效保护和合法利用的状态，以及具备保障持续安全状态的能力。

> **❯ 延伸阅读**　**《数据安全法》的适用范围**
>
> 《数据安全法》明确，在中华人民共和国境内开展数据处理活动及其安全监管，适用本法。从规范活动来看，既包括数据的收集、存储、使用、加工、传输、提供、公开等处理活动本身，也包括对数据

处理活动的安全监管。从规范主体来看，涵盖所有的数据处理者，无论是个人、企业、行业组织还是国家机关，只要在我国境内开展数据处理活动，均需遵守相关法律法规。同时，法律规定了必要的域外适用效力，即在中华人民共和国境外开展数据处理活动，损害中华人民共和国国家安全、公共利益或者公民、组织合法权益的，依法追究法律责任。

 如何进行数据分类分级？

国家建立数据分类分级保护制度，根据数据在经济社会发展中的重要程度，以及一旦遭到篡改、破坏、泄露或者非法获取、非法利用，对国家安全、公共利益或者个人、组织合法权益造成的危害程度，对数据实行分类分级保护。

分类方面，数据按照先行业领域分类、再业务属性分类的思路进行分类。按照行业领域将数据分为工业数据、电信数据、金融数据、能源数据、交通运输数据等。各行业各领域主管（监管）部门根据本行业本领域业务属性，对本行业领域数据进行细化分类。分级方面，按照数据的领域、精度、规模、重要性等分级要素，以及安全风险、影响对象、影响程度等从高到低分为核心数据、重要数据和一般数据三个级别。

一图读懂国家标准 GB/T 43697–2024《数据安全技术　数据分类分级规则》

什么是重要数据？

重要数据是指特定领域、特定群体、特定区域或者达到一定精度和规模，一旦遭到篡改、破坏、泄露或者非法获取、非法利用，可能直接危害国家安全、经济运行、社会稳定、公共健康和安全的数据。重要数据的处理者在重要数据的收集、存储、使用、传输等环节，应当综合运用加密、鉴权、认证等技术手段进行安全防护。

> **延伸阅读** **重要数据处理者应履行的职责**

《数据安全法》规定，重要数据的处理者应当明确网络数据安全负责人和网络数据安全管理机构。网络数据安全负责人应当具备网络数据安全专业知识和相关管理工作经历，由网络数据处理者管理层成员担任，有权直接向有关主管部门报告网络数据安全情况。掌握有关主管部门规定的特定种类、规模的重要数据的网络数据处理者，应当对网络数据安全负责人和关键岗位的人员进行安全背景审查，加强相关人员培训。网络数据安全管理机构应当制定实施网络数据安全管理制度、操作规程和网络数据安全事件应急预案；定期组织开展网络数据安全风险监测、风险评估、应急演练、宣传教育培训等活动，及时处置网络数据安全风险和事件；受理并处理网络数据安全投诉、举报。

重要数据处理者提供、委托处理、共同处理重要数据前的风险评估应重点评估哪些内容？

重要数据处理者提供、委托处理、共同处理重要数据前，应当进行风险评估，重点评估下列内容：

（1）提供、委托处理、共同处理网络数据，以及网络数据接收方处理网络数据的目的、方式、范围等是否合法、正当、必要。

（2）提供、委托处理、共同处理的网络数据遭到篡改、破坏、泄露或者非法获取、非法利用的风险，以及对国家安全、公共利益或者个人、组织合法权益带来的风险。

（3）网络数据接收方的诚信、守法等情况。

（4）与网络数据接收方订立或者拟订立的相关合同中关于网络数据安全的要求能否有效约束网络数据接收方履行网络数据安全保护义务。

（5）采取或者拟采取的技术和管理措施等能否有

效防范网络数据遭到篡改、破坏、泄露或者非法获取、非法利用等风险。

（6）有关主管部门规定的其他评估内容。

> **延伸阅读** **重要数据的处理者年度报送风险评估报告**

重要数据的处理者应当每年度对其网络数据处理活动开展风险评估，并向省级以上有关主管部门报送风险评估报告，有关主管部门应当及时通报同级网信部门、公安机关。

风险评估报告应包括下列内容：

（1）网络数据处理者基本信息、网络数据安全管理机构信息、网络数据安全负责人姓名和联系方式等；

（2）处理重要数据的目的、种类、数量、方式、范围、存储期限、存储地点等，开展网络数据处理活动的情况，不包括网络数据内容本身；

（3）网络数据安全管理制度及实施情况，加密、备份、标签标识、访问控制、安全认证等技术措施和其他必要措施及其有效性；

（4）发现的网络数据安全风险，发生的网络数据安全事件及处置情况；

（5）提供、委托处理、共同处理重要数据的风险评估情况；

（6）网络数据出境情况；

（7）有关主管部门规定的其他报告内容。

43 数据出境管理制度主要包括哪些？

近年来，在《网络安全法》《数据安全法》《个人信息保护法》等相关法律法规基础上，我国相继制定出台《数据出境安全评估办法》《个人信息出境标准合同办法》《促进和规范数据跨境流动规定》等部门规章，初步建立数据出境安全管理制度体系，明确数据出境安全评估、个人信息出境标准合同、个人信息保护认证等数据出境安全管理制度的实施路径。

> **延伸阅读** 数据出境安全评估和个人信息
出境标准合同适用范围

数据出境有下列情况之一的，应当事前通过所在地省级网信办向国家网信办申报数据出境安全评估：(1) 关键信息基础设施运营者向境外提供个人信息或者重要数据。(2) 关键信息基础设施运营者以外的数据处理者向境外提供重要数据，或者自当年 1 月 1 日起累计向境外提供 100 万人以上个人信息（不含敏感个人信息）或者 1 万人以上敏感个人信息。

通过订立标准合同向境外提供个人信息，应当同时符合下列情形：(1) 关键信息基础设施运营者以外的数据处理者。(2) 自当年 1 月 1 日起，累计向境外提供 10 万人以上、不满 100 万人个人信息（不含敏感个人信息）或者不满 1 万人敏感个人信息的。

图解｜我国数据出境合规指引

44　数据出境行为包括哪些？

《数据出境安全评估申报指南（第二版）》规定，数据出境行为包括：

（1）数据处理者将在境内运营中收集和产生的数据传输至境外。

（2）数据处理者收集和产生的数据存储在境内，境外的机构、组织或者个人可以查询、调取、下载、导出。

（3）符合《个人信息保护法》第三条第二款情形，在境外处理境内自然人个人信息等其他数据处理活动。

> **❯ 延伸阅读　数据出境安全管理对象**
>
> 数据出境安全管理不是对于所有数据，只限于重要数据和个人信息，且重要数据是针对国家而言，不是针对企业和个人。对于不涉及重要数据或者个人信息的一般数据，在履行法律规定的一般性合规义务下，可以跨境自由流动。

数据出境的豁免场景有哪些？

根据《促进和规范数据跨境流动规定》，符合下列情形之一的，可免予申报数据出境安全评估、订立个人信息出境标准合同、通过个人信息保护认证：

（1）国际贸易、跨境运输、学术合作、跨国生产制造和市场营销等活动中收集和产生的数据向境外提供，不包含个人信息或者重要数据的。

（2）在境外收集和产生的个人信息传输至境内处理后向境外提供，处理过程中没有引入境内个人信息或者重要数据的。

（3）为订立、履行个人作为一方当事人的合同，如跨境购物、跨境寄递、跨境汇款、跨境支付、跨境开户、机票酒店预订、签证办理、考试服务等，确需向境外提供个人信息的。

（4）按照依法制定的劳动规章制度和依法签订的

集体合同实施跨境人力资源管理，确需向境外提供员工个人信息的。

（5）紧急情况下为保护自然人的生命健康和财产安全，确需向境外提供个人信息的。

（6）关键信息基础设施运营者以外的数据处理者自当年 1 月 1 日起累计向境外提供不满 10 万人个人信息（不含敏感个人信息）的。

其中，第三种至第六种条件所称向境外提供的个人信息，不包括被相关部门、地区告知或者公开发布为重要数据的个人信息。

46 汽车数据处理者开展汽车数据处理活动应当符合哪些一般要求？

《汽车数据安全管理若干规定（试行）》规定，针对个人信息，汽车数据处理者应当履行下列要求：（1）应当通过显著方式告知处理个人信息的种类、收集情境、停止收集方式和途径等相关信息。（2）应当取得个人同意或者符合法律、行政法规规定的其他情形。因保证行车安全需要，无法征得个人同意采集到车外个人信息且向车外提供的，应当进行匿名化处理。（3）涉及敏感个人信息处理，应当取得个人单独同意，并满足限定处理目的、提示收集状态、为个人终止收集提供便利等具体要求。

针对重要数据，汽车数据处理者应当履行下列要求：（1）应当按照规定开展风险评估，并向省、自治区、直辖市网信部门和有关部门报送风险评估报告。（2）应当依法在境内存储，因业务需要确需向境外提供的，应当通过数据出境安全评估。（3）应当在每年十二月十五日前向省、自治区、直辖市网信部门和有关部门报送年度汽车数据安全管理情况。向境外提供重要数据的汽车数据处理者应当补充报告相关情况。

> **延伸阅读** 汽车数据和汽车处理者包含哪些？

汽车数据包括汽车设计、生产、销售、使用、运维等过程中的涉及个人信息数据和重要数据。

汽车数据处理者是指开展汽车数据处理活动的组织，包括汽车制造商、零部件和软件供应商、经销商、维修机构以及出行服务企业等。

《汽车数据安全管理若干规定（试行）》
全文

47　什么是个人信息和敏感个人信息？

个人信息是指电子或其他方式记录的与已识别或者可识别的自然人有关的各种信息，不包括匿名化处理后的信息。

敏感个人信息是指一旦泄露或者非法使用，容易导致自然人的人格尊严受到侵害或者人身、财产安全受到危害的个人信息，包括生物识别、宗教信仰、特定身份、医疗健康、金融账户、行踪轨迹等信息，以及不满十四周岁未成年人的个人信息。

生物识别　　宗教信仰　　特定身份　　医疗健康

金融账户　　行踪轨迹　　未成年人

常见敏感个人信息

❯ 延伸阅读　**个人信息匿名化**

　　匿名化是指个人信息经过处理无法识别特定自然人且不能复原的过程，是数据挖掘中隐私保护的最主要的一种技术手段。

 生活中哪些行为容易导致个人信息泄露？

　　随着网络信息技术的高速发展，对个人信息的整理、收集和传输变得越来越容易。网上购物、聊天、发邮件、打印复印材料等行为会不经意"出卖"自己的姓名、身份证号、电话、住址等个人信息，这些个人信息一旦被泄露，可能就会被诈骗分子盯上并造成严重损失。以下 8 种行为容易造成个人信息泄露：

（1）网络购物时登录钓鱼网站，填写银行账户和密码等信息。

（2）随意丢弃快递单、车票、购物小票等包含个人信息的单据。

（3）在银行、电信业务营业厅、各类考试报名、参加网校学习班等留存身份证复印件。

（4）在线投递简历填写详细的个人信息。

（5）在微博、贴吧、论坛等群聊中进行互动时，可能透露姓名、职务、工作单位等个人信息。

（6）在微信及朋友圈中晒照片涉及姓名、地址、身份证号等个人信息。

（7）参加网上"调查问卷"、购物抽奖活动或者申请免费邮寄资料、申请会员卡等活动，填写联系方式和家庭住址等信息。

（8）免费 Wi-Fi 易泄露用户名和密码等个人隐私信息。

个人信息泄露的危害

（图片来源：2024 年国家网络安全宣传周《网络安全知识宣传手册》）

 个人在个人信息处理活动中拥有哪些权利？

个人对其个人信息的处理享有知情权、决定权，有权限制或者拒绝他人对其个人信息进行处理，有权向个人信息处理者查阅、复制其个人信息，且个人信息处理者应当及时配合提供。

个人请求将个人信息转移至其指定的个人信息处理者，符合国家网信部门规定条件的，个人信息处理者应当提供转移的途径。

个人发现其个人信息不准确或者不完整的，有权请求个人信息处理者更正、补充，后者应当在予以核实的基础上及时更正、补充。

在个人撤回同意或者处理目的已实现等情形下，个人信息处理者应当主动删除个人信息；若个人信息处理者未删除的，个人有权请求删除。

个人信息处理者有哪些责任和义务?

个人信息处理者应当根据个人信息的处理目的、处理方式、个人信息的种类以及对个人权益的影响、可能存在的安全风险等，采取下列措施确保个人信息处理活动符合法律、行政法规的规定，并防止未经授权的访问以及个人信息泄露、篡改、丢失：

（1）制定内部管理制度和操作规程。

（2）对个人信息实行分类管理。

（3）采取相应的加密、去标识化等安全技术措施。

（4）合理确定个人信息处理的操作权限，并定期对从业人员进行安全教育和培训。

（5）制定并组织实施个人信息安全事件应急预案。

（6）法律、行政法规规定的其他措施。

另外，个人信息处理者应当定期对其处理个人信息遵守法律、行政法规的情况进行合规审计。

处理 100 万人以上个人信息的个人信息处理者应当指定个人信息保护负责人，负责对个人信息处理活动以及采取的保护措施等进行监督。个人信息保护负责人的联系方式应当公开，其姓名、联系方式等也应报送履行个人信息保护职责的部门。境外的个人信息处理者，应当在我国境内设立专门机构或者指定代表，负责处理个人信息保护相关事务。

51 App 的哪些行为可以被认定为违法违规收集使用个人信息？

根据《App 违法违规收集使用个人信息行为认定方法》，App"未公开收集使用规则""未明示收集使用个人信息的目的、方式和范围""未经用户同意收

☐ App 违法违规收集使用个人信息行为

- ✓ 违反必要原则，收集与其提供的服务无关的个人信息
- ✓ 未明示收集使用个人信息的目的、方式和范围
- ✓ 未按法律规定提供删除或更正个人信息功能
- ✓ 未经用户同意收集使用个人信息
- ✓ 未经同意向他人提供个人信息
- ✓ 未公布投诉、举报方式等信息
- ✓ 未公开收集使用规则

App 违法违规收集使用个人信息行为

集使用个人信息""违反必要原则，收集与其提供的服务无关的个人信息""未经同意向他人提供个人信息""未按法律规定提供删除或更正个人信息功能"或"未公布投诉、举报方式等信息"等行为均属于违法违规收集使用个人信息行为。

 发生或可能发生个人信息泄露、篡改或丢失时，应该采取哪些措施？

发生或可能发生个人信息泄露、篡改、丢失的，个人信息处理者应当立即采取补救措施，通知履行个人信息保护职责的部门和个人并告知相关信息：发生或可能发生个人信息泄露、篡改、丢失的信息种类、原因和可能造成的危害；个人信息处理者采取的补救措施和个人可以采取的减轻危害的措施；个人信息处理者的联系方式；等等。

个人信息泄露的主要途径

（图片来源：2024 年国家网络安全宣传周《网络安全知识宣传手册》）

53　个人信息保护有哪些注意事项？

（1）不乱扔。妥善保管、处置好个人信息的载体，包括一些文件、快递单、外卖单等。

（2）不乱给。不要在互联网公开平台随意发布个人信息或者提供给他人使用，特别是个人身份证号、电话号码、家庭住址、银行卡号等。

（3）不乱点。不要随意点击或下载来历不明的网址链接、二维码、免费 Wi-Fi 热点等，不要随意点击

▍防范建议

① 要优先选择尊重个人信息保护的产品、服务。

② 要仔细审核 App 请求授权的权限内容，并谨慎授权。

③ 要对重要信息进行加密保护。

④ 要差异化设置社交平台好友的信息访问权限。

⑤ 不要随意连接免费 Wi-Fi 热点。

⑥ 不访问陌生网站并留下个人信息。

⑦ 不要在网上随意发布个人照片或其他涉及个人隐私的影像。

⑧ 尊重他人隐私，不随意披露他人隐私信息。

个人信息保护好，畅游网络无烦恼

防范个人信息泄露的建议

（图片来源：2024 年国家网络安全宣传周《网络安全知识宣传手册》）

App 手机软件获取设备权限的"同意"按钮。

 大型网络平台服务提供者不得利用网络数据、算法以及平台规则等从事哪些活动？

　　根据《网络数据安全管理条例》规定，大型网络平台服务提供者不得利用网络数据、算法以及平台规则等从事下列活动：

　　（1）通过误导、欺诈、胁迫等方式处理用户在平台上产生的网络数据。

　　（2）无正当理由限制用户访问、使用其在平台上产生的网络数据。

　　（3）对用户实施不合理的差别待遇，损害用户合法权益。

　　（4）法律、行政法规禁止的其他活动。

> **延伸阅读** "大型网络平台"的定义

　　根据《网络数据安全管理条例》第六十二条，大型网络平台是指注册用户 5000 万以上或者月活跃用户 1000 万以上，业务类型复杂，网络数据处理活动对国家安全、经济运行、国计民生等具有重要影响的网络平台。

55 如何依托国家网络身份认证公共服务加强个人信息保护？

　　国家向社会免费提供匿名化的网络身份认证公共服务，目的是保护个人信息安全，减少各种平台收集姓名、身份证号、人脸等个人身份信息，实现公民身份信息的"可用但不可见"，在方便人民群众在线证明身份、办理事项的同时，提供更加可靠的身份验证手段，减少因冒用带来的经济损失，提高网络诚信水平。网络身份认证公共服务还可以降低企业在身份认证方面的投入，改善营商环境。网络身份认证公共服务申领、使用完全基于自愿原则，是一种可选择的、更加安全方便的身份认证方式，其不与原有的身份认证方式相冲突，网民仍可继续使用原有身份认证方式正常上网。

56 电信网络诈骗主要有哪些类型？

典型电信网络诈骗是指以非法占有为目的，利用典型网络技术手段，通过远程、非接触等方式，诈骗公私财物的行为。当前，典型电信网络诈骗包括刷单返利类诈骗、虚假网络投资理财类诈骗、虚假购物服务类诈骗、冒充电商物流客服类诈骗、虚假贷款类诈骗、虚假征信类诈骗、冒充领导熟人类诈骗、冒充公检法及政府机关类诈骗、网络婚恋和交友类诈骗、网络游戏产品虚假交易类诈骗等。电信网络诈骗犯罪形势严峻，已成为发案最多、上升最快、涉及面最广、人民群众反映最强烈的犯罪类型。

刷单返利类诈骗

虚假网络投资理财类诈骗

防范电信网络诈骗需要注意什么?

公民防范电信网络诈骗需要做好以下工作:

(1)如果接到"00""+"号开头的境外号码,很有可能你在遭遇境外诈骗。

(2)切勿随意添加陌生人的社交账号、点击陌生短信的链接或下载对方 App。

(3)拒绝陌生共享屏幕请求,不要给陌生人垫付资金、转账,因为退款理赔都会原路返回,不会私下沟通转账。

(4)保护好个人隐私和信息,不要在网络上随意填写付款码、银行卡密码等个人信息。

请查收!2023 年国家反诈中心《防范电信网络诈骗宣传手册》

58 移动互联网应用如何利用"未成年人模式"强化未成年人网络保护？

《移动互联网未成年人模式建设指南》指导移动智能终端、应用程序、应用程序分发平台开展未成年人模式建设，即在移动智能终端设置统一入口，用户可一键开启，所有应用程序实现同步切换，形成安全可控的独立空间，为未成年人提供一种新的、更加安全的上网途径。

> ❯ **延伸阅读** **企业应如何建设未成年人模式？**
>
> （1）针对不同年龄段用户分别设置每日上网推荐总时长，并提供超时默认关闭、推送休息提醒等功能，引导未成年人合理使用网络。（2）企业根据未成年人认知特点，扩充具有正确价值导向的优质内容；并根据分龄推荐标准，应用程序按照不同年龄段优先展示适龄内容。（3）企业及时修改可能造成沉迷的内容、功能和规则，采取有效措施防范外链

信息内容风险。用户可根据实际需求，对使用时长、使用时段、内容、功能等，进行个性化设置。

《移动互联网未成年人模式建设指南》全文

篇五

网络安全事件预防和应急处置

59　什么是网络安全事件？

网络安全事件是指由于人为原因、软硬件缺陷或故障、自然灾害等，对网络和信息系统或者其中的数据造成危害，对社会造成负面影响的事件，可分为有害程序事件、网络攻击事件、信息破坏事件、信息内

网络安全事件分类

容安全事件、设备设施故障、灾害性事件和其他事件。

我国网络安全事件预警如何分级?

根据《国家网络安全事件应急预案》，网络安全事件预警等级分为四级：由高到低依次用红色、橙色、黄色和蓝色表示，分别对应发生或可能发生特别重大、重大、较大和一般网络安全事件。

《国家网络安全事件应急预案》全文

网络安全案件与事件有什么区别与联系?

网络安全案件与事件的区别与联系主要体现在以

下几个方面。

性质与严重程度：网络安全案件通常指的是违反网络安全法律法规且构成犯罪的行为，这些行为对网络安全造成了实质性的威胁或损害，需要依法追究刑事责任。网络安全事件则是指发生在网络安全领域，但不一定构成犯罪的事件，可能只是违反了网络安全规定或造成了网络安全隐患，其严重程度相对较低，通常通过行政管理或技术手段进行处置。

处理方式与后果：网络安全案件由司法机关依法进行侦查、起诉和审判，犯罪者将面临刑事处罚，如拘留、有期徒刑等。网络安全事件则多由网络安全管理部门或相关机构进行处理，可能涉及警告、罚款、整改等行政措施，或者通过技术手段进行修复和防范，不涉及刑事处罚。

社会影响与警示作用：网络安全案件由于构成犯罪，其社会影响通常较大，不仅会对受害者造成损失，还可能对整个社会网络安全环境造成威胁，因此具有较强的警示作用。网络安全事件虽然也可能对社会造成一定影响，但由于其不构成犯罪，其社会影响和警示作用相对较小，更多是通过内部通报、行业交流等方式进行警示和预防。

 延伸阅读 网络运营者如何配合公安机关侦办网络安全案件？

根据《网络安全法》第二十八条规定，网络运营者应当为公安机关、国家安全机关依法维护国家安全和侦查犯罪的活动提供技术支持和协助。

62 什么是网络安全应急响应？

网络安全应急响应，是指对已经发生或可能发生的网络安全事件进行快速、高效地应对和处理的措施。它是一个组织为了应对各种网络安全事件（例如网络攻击、病毒传播、数据泄露等）所做的准备以及在事件发生后所采取的措施。网络安全应急响应的目标是在安全事件发生时，及时发现、分析、处置和恢复，以保障组织的业务连续性和资产安全。

> **延伸阅读　我国网络安全应急响应组织**
>
> 　　国家计算机网络应急技术处理协调中心（英文简称 CNCERT/CC），成立于 2001 年 8 月，为非政府非营利的网络安全技术中心，是中国计算机网络应急处理体系中的牵头单位。作为国家级应急中心，CN-CERT/CC 的主要职责是：按照"积极预防、及时发现、快速响应、力保恢复"的方针，开展互联网网络安全事件的预防、发现、预警和协调处置等工作，运行和管理国家信息安全漏洞共享平台（CNVD），维护公共互联网安全，保障关键信息基础设施的安全运行。

63　我国网络安全应急体系如何构成？

　　我国国家网络安全应急工作由中央统一领导指挥，各地区、各部门分级负责，网络运营者、专业队伍和社会力量共同参与，开展应急联动、协同处置工作。在中央网络安全和信息化委员会领导下，中央网信办统筹协调组织国家网络安全事件应对工作，建立健全跨部门联动处置机制。国家网络安全应急办公室设在中央网信办，负责网络安全应急跨部门、跨地区协调工作，组织指导国家网络安全应急技术队伍做好应急处置的技术支撑工作。中央国家机关和各部门按照职责和权限，负责本部门、本行业网络和信息系统网络安全事件的预防、监测、报告和应急处置工作。

64 什么是网络安全漏洞？

网络安全漏洞是指信息系统中的软件、硬件或通信协议中存在缺陷或不适当的配置，从而可使攻击者在未被授权的情况下访问或破坏系统，导致信息系统面临安全风险。

65 网络产品提供者应当履行哪些安全漏洞管理义务？

根据《网络产品安全漏洞管理规定》，网络产品提供者应当履行下列网络产品安全漏洞管理义务，确保其产品安全漏洞得到及时修补和合理发布，并指导支持产品用户采取防范措施：

（1）发现或者获知所提供网络产品存在安全漏洞后，应当立即采取措施并组织对安全漏洞进行验证，评估安全漏洞的危害程度和影响范围；对属于其上游产品或者组件存在的安全漏洞，应当立即通知相关产品提供者。

（2）应当在2日内向工业和信息化部网络安全威胁和漏洞信息共享平台报送相关漏洞信息。报送内容应当包括存在网络产品安全漏洞的产品名称、型号、版本以及漏洞的技术特点、危害和影响范围等。

（3）应当及时组织对网络产品安全漏洞进行修补，对于需要产品用户（含下游厂商）采取软件、固件升级等措施的，应当及时将网络产品安全漏洞风险及修补方式告知可能受影响的产品用户，并提供必要的技术支持。

《网络产品安全漏洞管理规定》全文

66 公开发布网络产品漏洞应遵守哪些规定？

《网络产品安全漏洞管理规定》规定，从事网络产品安全漏洞发现、收集的组织或者个人通过网络平台、媒体、会议、竞赛等方式向社会发布网络产品安全漏洞信息的，应当遵循必要、真实、客观以及有利于防范网络安全风险的原则，并遵守以下规定：

（1）不得在网络产品提供者提供网络产品安全漏洞修补措施之前发布漏洞信息；认为有必要提前发布

的，应当与相关网络产品提供者共同评估协商，并向工业和信息化部、公安部报告，由工业和信息化部、公安部组织评估后进行发布。

（2）不得发布网络运营者在用的网络、信息系统及其设备存在安全漏洞的细节情况。

（3）不得刻意夸大网络产品安全漏洞的危害和风险，不得利用网络产品安全漏洞信息实施恶意炒作或者进行诈骗、敲诈勒索等违法犯罪活动。

（4）不得发布或者提供专门用于利用网络产品安全漏洞从事危害网络安全活动的程序和工具。

（5）在发布网络产品安全漏洞时，应当同步发布修补或者防范措施。

（6）在国家举办重大活动期间，未经公安部同意，不得擅自发布网络产品安全漏洞信息。

（7）不得将未公开的网络产品安全漏洞信息向网络产品提供者之外的境外组织或者个人提供。

（8）法律法规的其他相关规定。

什么是高级持续性威胁攻击？
给国家安全带来哪些影响？

　　高级持续性威胁（APT），又称高级长期威胁、先进持续性威胁等，是指隐匿而持久的电脑入侵过程，其通常出于商业或政治动机，针对特定组织或国家，并要求在长时间内保持高隐蔽性，是一种复杂且极具威力的网络攻击形式，具有高度定制化、隐蔽性强、攻击持续性高等三个显著特性。

什么是分布式拒绝服务攻击？
有哪些特点？

　　分布式拒绝服务攻击（DDoS），指攻击者控制利用多台主机作为傀儡机（一般也叫"肉鸡"），通过傀儡机向目标计算机发送大量看似合法的请求，消耗或占用目标计算机大量网络或系统资源，使目标计算机无法处理合法请求，从而导致正常用户无法访问目标计算机。DDoS 攻击是当今互联网最重要最常见的网络安全威胁之一，通过制造超过目标服务系统承受能力的虚假请求，导致目标服务系统运行缓慢甚至崩溃。近年来，出于恶意竞争和敲诈勒索等经济目的，游戏、电子商务等领域已经成为 DDoS 攻击的重灾区。此外，DDoS 攻击也是网络战的手段之一。

什么是勒索软件？如何做好防护？

　　勒索软件是黑客用来劫持用户资产或资源实施勒索的一种恶意程序。黑客利用勒索软件，通过加密用户数据、更改配置等方式，使用户资产或资源无法正常使用，并以此为条件要求用户支付费用以获得解密密码或者恢复系统正常运行。主要的勒索形式包括文件加密勒索、锁屏勒索、系统锁定勒索和数据泄露勒索等。主要的传播方式包括钓鱼邮件传播、网页挂马传播、漏洞传播、远程登录入侵传播、供应链传播和移动介质传播等。

> **延伸阅读** 如何防范勒索软件

（1）做好资产梳理与分级分类管理。（2）备份重要数据和系统。（3）设置复杂密码并定期更新。（4）定期开展安全风险评估。（5）定期查杀病毒、关闭不必要的网络端口。（6）做好身份验证和权限管理。（7）严格访问控制策略。（8）提高人员安全意识。（9）制定应急响应预案。（10）不要点击来源不明邮件。（11）不要打开来源不可靠网站。（12）不要安装来源不明软件。（13）不要随意将来历不明的U盘、移动硬盘、闪存卡等移动存储设备插入设备。

70 什么是钓鱼邮件攻击？如何防范？

钓鱼邮件是一种常见的网络攻击手段。攻击者通常会伪造发件人地址和邮箱账号，诱使目标用户点击恶意链接或下载恶意文件，窃取用户凭证和数据资料等敏感信息，甚至入侵控制相关终端设备。网络钓鱼作为实施网络攻击窃密的主要手段之一，有着成本低廉、手法隐蔽、危害性强的特点。防范钓鱼邮件，需增强安全意识，对于无法确定来源、疑似仿冒、索要账号密码等可疑邮件，不要轻易点击或打开其中的附件、链接，避免进入恶意链接或下载恶意文件。

警惕网络钓鱼

71 什么是弱口令？

弱口令，也称弱密码，通常指的是那些容易猜测或破解的密码，这些密码太短、太简单、太常见。如"123456"、"password"、"qwerty"和"12345678"等，都是广为人知的弱口令。常见的弱口令分为两类：一类是默认密码，例如家里购买的无线路由器、智能家电设备在出厂时设置的初始密码，如 admin、user、111111、000000 等。另一类是用户为了方便使用，自己设置的简单密码，如 123、abc、生日、名字、电话号码等。

> **延伸阅读** 如何避免弱口令的风险？

（1）使用复杂密码。设置密码长度至少为 8 位，宜同时包含大小写字母、数字、特殊字符等，提高密码的复杂度。不使用设备或账户初始密码及常见的弱口令密码。

（2）定期更改密码。应定期更换密码，同时避免数套密码轮换使用。

（3）避免密码串用。在不同平台及系统避免使用相同的密码。

（4）定期检查账户状态。定期检查账号历史记录和日志，及时发现账户异常行为。

（5）加强技术防范措施。重点单位加强对要害部门部位、网络设施、信息系统的反间谍技术防范。

 工作中如何防范网络攻击窃密?

为保障个人和单位的网络信息安全，在工作中应当做好以下几点：

（1）认真学习并严格遵守机关、企事业单位、社会组织、高校及社区的网络安全保密管理规章制度。

（2）涉密计算机及网络与互联网及其他公共信息网络必须实行物理隔离，确保没有任何信息传输渠道。

（3）严禁使用非涉密计算机存储、处理、传输涉密信息；严禁用网络硬盘存储、传递、分享国家秘密。在涉密计算机与非涉密计算机之间进行信息交换，应采取保密防护措施。

（4）完善部门信息化台账，严格涉密移动存储介质管理，实行统一登记编号、集中管理、专人专用；完善涉密计算机违规外联监控报警措施；定期执行保密监督检查。

（5）做好个人电子设备管理，不随意接入有安全隐患的网络和设备，不随意点开陌生邮件和网络链接、扫描来历不明的二维码、连接免费 Wi-Fi 热点等；个人工作计算机安装杀毒软件，定期检查升级，及时完善、修补系统漏洞，及时升级网络应用；做好密码管理，不要将密码设置成姓名拼音、出生日期类简单字符，并定期更换密码。

生活中发现危害网络安全的行为

应如何举报？

　　生活中若发现有危害网络安全的行为，可以通过中央网信办、工信部、公安部和国家安全部等公布的举报渠道进行举报。

　生活中的网络违法犯罪举报方式

中央网信办（国家网信办）违法和不良信息举报中心微信公众号	
国家安全部微信公众号	
工信部 12321 受理中心微信公众号	

跨境网络安全事件应急处置如何开展？

跨境网络安全事件的处置，一般情况下主要通过各国国家级网络安全应急响应组织的联络点进行事件投诉和接收。双方就事件处置的请求、响应措施和事件处置结果进行联系。国家级网络安全应急响应组织可对接收到的国外事件投诉，协调本国有关机构采取措施进行处置。

网络安全应急组织全球联盟是如何运行的？

国际事件响应与安全组织论坛（FIRST）成立于1990年，是全球网络安全应急响应领域的联盟，现有成员 500 余个，来自中国、美国、俄罗斯、英国、德国、澳大利亚、巴西等近百个经济体，是预防和处置网络安全事件的国际联合会。FIRST 通过向成员提供联系渠道、分享实践和工具等途径，促进成员间对网络安全事件的快速响应。FIRST 按照其制定的运行原则和规章开展工作。下设董事会和秘书处。董事会由 10 人组成，任期两年。我国国家计算机网络应急技术处理协调中心于 2002 年成为 FIRST 正式成员。

篇六

网络安全审查和云计算服务安全评估

76 哪些情况下需要申报网络安全审查？

《网络安全审查办法》规定，关键信息基础设施运营者采购网络产品和服务的，应当预判该产品和服务投入使用后可能带来的国家安全风险。影响或者可能影响国家安全的，应当向网络安全审查办公室申报网络安全审查。此外，掌握超过 100 万用户个人信息的网络平台运营者赴国外上市，必须向网络安全审查办公室申报网络安全审查。

❯ 延伸阅读 网络产品和服务主要包含哪些？

《网络安全审查办法》所称网络产品和服务主要指核心网络设备、重要通信产品、高性能计算机和服务器、大容量存储设备、大型数据库和应用软件、网络安全设备、云计算服务，以及其他对关键信息基础设施安全、网络安全和数据安全有重要影响的网络产品和服务。

《网络安全审查办法》全文

 网络安全审查办公室主要承担哪些工作内容?

　　根据《网络安全审查办法》规定，在中央网络安全和信息化委员会领导下，国家互联网信息办公室会同国家发展和改革委员会、工业和信息化部、公安部、国家安全部、财政部、商务部、中国人民银行、国家市场监督管理总局、国家广播电视总局、中国证券监督管理委员会、国家保密局、国家密码管理局建立国家网络安全审查工作机制。网络安全审查办公室设在国家互联网信息办公室，负责制定网络安全审查相关制度规范，组织网络安全审查。

网络安全审查重点评估哪些国家安全风险因素？

《网络安全审查办法》规定，网络安全审查重点评估相关对象或者情形的以下国家安全风险因素：

（1）产品和服务使用后带来的关键信息基础设施被非法控制、遭受干扰或者破坏的风险。

（2）产品和服务供应中断对关键信息基础设施业务连续性的危害。

（3）产品和服务的安全性、开放性、透明性、来源的多样性，供应渠道的可靠性以及因为政治、外交、贸易等因素导致供应中断的风险。

（4）产品和服务提供者遵守中国法律、行政法规、部门规章情况。

（5）核心数据、重要数据或者大量个人信息被窃取、泄露、毁损以及非法利用、非法出境的风险。

（6）上市存在关键信息基础设施、核心数据、重要数据或者大量个人信息被外国政府影响、控制、恶意利用的风险，以及网络信息安全风险。

（7）其他可能危害关键信息基础设施安全、网络安全和数据安全的因素。

什么是云计算服务安全评估？主要目的是什么？

云计算服务安全评估是依据云服务商申请，对面向党政机关、关键信息基础设施提供云计算服务的云平台进行的安全评估。同一云服务商运营的不同云平台，需要分别申请安全评估。

开展云计算服务安全评估，是为了提高党政机关、关键信息基础设施运营者采购使用云计算服务的安全可控水平，降低网络安全风险，增强党政机关、关键信息基础设施运营者将业务及数据向云服务平台迁移的信心。

《云计算服务安全评估办法》全文

 云计算服务安全评估重点评估
哪些内容？

《云计算服务安全评估办法》规定，云计算服务安全评估重点评估以下内容：

（1）云平台管理运营者（以下简称"云服务商"）的征信、经营状况等基本情况。

（2）云服务商人员背景及稳定性，特别是能够访问客户数据、能够收集相关元数据的人员。

（3）云平台技术、产品和服务供应链安全情况。

（4）云服务商安全管理能力及云平台安全防护情况。

（5）客户迁移数据的可行性和便捷性。

（6）云服务商的业务连续性。

（7）其他可能影响云服务安全的因素。

 什么是网络关键设备与网络安全专用产品？

网络关键设备是指接入到面向公众提供服务的网络系统、国家基础网络或行业业务网络系统，并对其服务提供或业务运行具有重要支撑作用的实体（包括虚拟化功能的实体），如高端路由器、交换机等，一旦遭受攻击、发生故障可能严重影响网络运行，导致大量数据泄露，将对国家政治、经济、科技、社会、文化、环境及人民生命、财产造成严重损失。

网络安全专用产品是指专门用于防范对网络的攻击、侵入、干扰、破坏和非法使用及意外事故，使网络处于稳定可靠、可控运行的状态，以及保障网络数据的完整性、保密性、可用性的信息技术软件、硬件及其组合体，如加密机、防火墙、入侵检测系统等专门提供网络安全防护功能的产品。

> 延伸阅读　**如何开展网络关键设备与网络**
>
> **安全专用产品安全认证和检测？**

《网络安全法》规定，"网络关键设备和网络安全专用产品应当按照相关国家标准的强制性要求，由具备资格的机构安全认证合格或者安全检测符合要求后，方可销售或者提供"。安全认证和安全检测要具备三个关键要素，即实施范围、实施主体和实施依据。

篇七

新技术新应用网络安全风险和应对

当前区块链领域面临哪些安全风险？

区块链凭借其分布式、可追溯、不可篡改等特性，成为激活数据要素潜能、构建数字经济信任底座的关键技术。然而，随着区块链技术的复杂性与日俱增，加之其背后蕴藏的巨大经济价值，其安全风险也愈发受到关注。一方面，区块链及链上运行的智能合约可能存在安全漏洞，一旦被攻击者利用，可能会导致区块链使用者的敏感信息泄露，甚至造成区块链使用者的经济损失。另一方面，当前不法分子以"区块链"名义进行非法集资和电信网络诈骗，或利用区块链传播违法和有害信息，威胁国家金融主权和社会稳定。

习近平在中央政治局第十八次集体学习时强调　把区块链作为核心技术自主创新重要突破口　加快推动区块链技术和产业创新发展

83 量子通信有哪些优势？

　　量子通信是一种信息传递的技术，几乎无法被窃听，具有极高的安全性，适合传输敏感信息，可用于高度机密的军事通信、保护银行和金融机构的数据安全。

> **❯ 延伸阅读** 量子信息还有哪些技术领域？
>
> 　　量子信息通过利用量子力学原理开发一系列前沿技术，主要包含量子计算、量子通信和量子测量三大应用领域。
>
> 　　量子计算是一种新型计算方式，可以同时处理大量可能性，在解决复杂的计算问题方面的速度远超传统计算机。在密码破解方面可以快速破解传统加密算法，在新药研发方面可以模拟分子和化学反应，在人工智能方面可以优化机器学习算法，在金融建模方面可用于风险评估和投资组合优化。

量子测量是一种精密测量技术，可以对时间、位置、加速度、电磁场等物理量实现超越经典技术极限的精密测量。在导航、时间测量、医疗诊断、地质勘探、隐身目标识别等领域发挥着重要作用。

84　人工智能存在哪些安全风险？

人工智能在系统设计、研发、训练、测试、部署、使用、维护等生命周期各环节都面临安全风险，存在模型算法安全风险、数据安全风险、系统安全风险等内生安全风险，也存在网络域安全风险、现实域安全风险、认知域安全风险、伦理域安全风险等应用安全风险。

人工智能带来的典型网络安全风险

利用人工智能技术进行诈骗：诈骗分子通过AI换脸、拟声手段，佯装亲属或好友拨打视频电话，博取信任后，谎称急需资金周转等实施诈骗。

利用人工智能技术编造谎言：违法行为人往往为了博取流量获得收益，利用AI软件输入关键词生成谣言文章并对外发布，引发大量网络关注，造成不良社会影响。

AI换脸直播带货：有直播间利用AI换脸技术"以假乱真""实现""明星"代言，来增加流量，提高销量。

人工智能带来的典型网络安全风险

延伸阅读 《人工智能安全治理框架》1.0 版

2024 年 9 月，全国网络安全标准化技术委员会发布《人工智能安全治理框架》1.0 版。

该《框架》以鼓励人工智能创新发展为第一要务，以有效防范化解人工智能安全风险为出发点和落脚点，提出了包容审慎、确保安全，风险导向、敏捷治理，技管结合、协同应对，开放合作、共治共享等人工智能安全治理的原则。针对人工智能风险，提出相应技术应对和综合防治措施，以及人工智能安全开发应用指引。

如何防范化解人工智能带来的数据安全和隐私泄露等风险?

　　《人工智能安全治理框架》1.0 版针对不同类型的人工智能安全风险，从技术、综合治理两方面提出防范应对措施。技术应对措施方面，针对模型算法、训练数据、算力设施、产品服务、应用场景，提出通过安全软件开发、数据质量提升、安全建设运维、测评监测加固等技术手段提升人工智能产品及应用的安全性、公平性、可靠性、鲁棒性的措施。综合治理措施方面，明确技术研发机构、服务提供者、用户、政府部门、行业协会、社会组织等各方发现、防范、应对人工智能安全风险的措施手段，推动各方协同共治。

什么是生成式人工智能技术？

生成式人工智能技术，是指具有文本、图片、音频、视频等内容生成能力的模型及相关技术。过去两年，以大模型为代表的生成式人工智能（AIGC），掀起了全球人工智能技术发展的新浪潮，如 ChatGPT、豆包、通义千问、DeepSeek、Kimi 等。

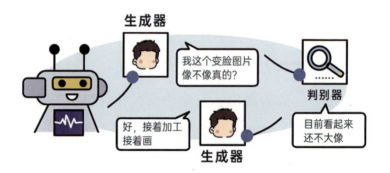

生成式人工智能技术

（图片来源：2024 年国家网络安全宣传周《网络安全知识宣传手册》）

延伸阅读　**什么是大模型？**

　　大模型是指具有大规模参数和复杂计算结构的机器学习模型。这些模型通常由深度神经网络构建而成，拥有数十亿甚至数千亿个参数，其设计目的是为了能够处理更加复杂的任务和数据，提高模型的表达能力和预测性能。

　　大模型在各种领域都有广泛的应用，包括自然语言处理、图像识别、语音识别等，可分为大语言模型、视觉大模型、多模态大模型、基础大模型等。

87 提供和使用生成式人工智能服务应遵守哪些规定？

　　《生成式人工智能服务管理暂行办法》明确，提供和使用生成式人工智能服务应当坚持社会主义核心价值观，不得生成煽动颠覆国家政权、推翻社会主义制度，危害国家安全和利益、损害国家形象，煽动分裂国家、破坏国家统一和社会稳定，宣扬恐怖主义、极端主义，宣扬民族仇恨、民族歧视，暴力、淫秽色情，以及虚假有害信息等法律、行政法规禁止的内容；在算法设计、训练数据选择、模型生成和优化、提供服务等过程中，采取有效措施防止产生民族、信仰、国别、地域、性别、年龄、职业、健康等歧视；尊重知识产权、商业道德，保守商业秘密，不得利用算法、数据、平台等优势，实施垄断和不正当竞争行为；尊重他人合法权益，不得危害他人身心健康，不得侵害他人肖像权、名誉权、荣誉权、隐私权和个人信息权益；基于服务类型特点，采取有效措施，提升生成式人工智能服务的透明度，提高生成内容的准确性和可靠性。

《生成式人工智能服务管理暂行办法》全文

《生成式人工智能服务管理暂行办法》对生成式人工智能训练数据提出哪些要求？

生成式人工智能依赖海量数据构建，此类数据来源广泛，极易导致存在违法和不良信息、知识产权侵权、个人隐私侵权等多维度安全风险，直接影响大模型的有用性、可靠性和安全性。

《生成式人工智能服务管理暂行办法》明确，生成式人工智能服务提供者应当依法开展预训练、优化训练等训练数据处理活动，使用具有合法来源的数据和基础模型；涉及知识产权的，不得侵害他人依法享有的知识产权；涉及个人信息的，应当取得个人同意或者符合法律、行政法规规定的其他情形；采取有效措施提高训练数据质量，增强训练数据的真实性、准确性、客观性、多样性；《中华人民共和国网络安全法》《中华人民共和国数据安全法》《中华人民共和国个人信息保护法》等法律、行政法规的其他有关规定和有关主管部门的相关监管要求。此外，该《办法》还明确了数据标注的相关要求。

> **延伸阅读** 《生成式人工智能服务安全基本要求》

全国网络安全标准化技术委员会组织编制发布全球首个清晰、具体、可操作的安全评估要求——《生成式人工智能服务安全基本要求》，关注数据源头治理，围绕训练数据生命周期提出全方位安全要求，从源头上保证生成式人工智能服务生成内容合法合规，强调语料来源的安全合规，明确语料内容安全的多元内涵，以及语料标注安全要求。

应用算法推荐技术主要包括哪些？

《互联网信息服务算法推荐管理规定》明确，应用算法推荐技术，是指利用生成合成类、个性化推送类、排序精选类、检索过滤类、调度决策类等算法技术向用户提供信息。

《互联网信息服务算法推荐管理规定》
全文

90　什么是大数据杀熟？

大数据杀熟，是指一些企业通过掌握消费者的经济状况、消费习惯、价格敏感度等信息，对消费者在交易价格等方面实行歧视性的差别待遇，特别是利用用户不愿轻易更换惯用平台等心理，对老用户收取更高费用。随着线上消费蓬勃发展，大数据杀熟现象层出不穷。同一种商品，新老客户价格不同；有的商品和服务短时间内再次购买，价格却水涨船高；红包、优惠券的发放因人而异；在相同平台、相同时间预定同一航班，不同账号显示的机票价格相差近千元，会员价比普通用户的价格还贵；有人预定酒店失败，换个手机查询，价格竟然涨了。不少消费者苦叹"懂我的人坑我最深"。

> **延伸阅读** 《互联网信息服务算法推荐管理规定》相关规定

　　算法推荐服务提供者向消费者销售商品或者提供服务的，应当保护消费者公平交易的权利，不得根据消费者的偏好、交易习惯等特征，利用算法在交易价格等交易条件上实施不合理的差别待遇等违法行为。

91 《互联网信息服务算法推荐管理规定》对算法推荐服务提供者履行安全评估和配合监督检查义务提出了哪些要求？

　　《互联网信息服务算法推荐管理规定》明确，具有舆论属性或者社会动员能力的算法推荐服务提供者应当按照国家有关规定开展安全评估。算法推荐服务提供者应当依法留存网络日志，配合网信部门和电信、公安、市场监管等有关部门开展安全评估和监督检查工作，并提供必要的技术、数据等支持和协助。

算法推荐服务提供者应落实哪些算法安全管理制度和技术措施？

《互联网信息服务算法推荐管理规定》明确，算法推荐服务提供者应当落实算法安全主体责任，建立健全算法机制机理审核、科技伦理审查、用户注册、信息发布审核、数据安全和个人信息保护、反电信网络诈骗、安全评估监测、安全事件应急处置等管理制度和技术措施，制定并公开算法推荐服务相关规则，配备与算法推荐服务规模相适应的专业人员和技术支撑。

深度合成服务提供者和技术支持者应遵循哪些数据和技术管理规范？

《互联网信息服务深度合成管理规定》明确了深

度合成数据和技术管理规范。要求深度合成服务提供者和技术支持者加强训练数据管理和技术管理，定期审核、评估、验证生成合成类算法机制机理。深度合成服务提供者对使用其服务生成或编辑的信息内容，应当采取技术措施添加不影响用户使用的标识。提供智能对话、合成人声、人脸生成、沉浸式拟真场景等生成或者显著改变信息内容功能的服务的，应当在生成或者编辑的信息内容的合理位置、区域进行显著标识，避免公众混淆或者误认。要求任何组织和个人不得采用技术手段删除、篡改、隐匿相关深度合成标识。

《互联网信息服务深度合成管理规定》
全文

篇八

网络安全教育技术产业融合发展

94 为什么说"网络空间的竞争，归根结底是人才竞争"？

　　网络空间已经成为国家战略博弈的新高地。人才、技术、产业是网络安全重要的基础性工作，也是网络安全能力的体现。网络空间的竞争，归根结底是人才竞争。建设网络强国，没有一支优秀的人才队伍，没有人才创造力迸发、活力涌流，是难以成功的。

创新网络安全人才评价机制，不将发表学术论文作为学生毕业、教师晋升的必要条件。
教师学生参与重要课题、重大工程建设、企业和科研单位技术研发过程中的优秀成果，视同高水平学术论文。

创新网络安全人才评价机制

（图片来源：2024年国家网络安全宣传周《网络安全知识宣传手册》）

> **重要论述** 网络空间的竞争，归根结底是
> 人才竞争

习近平总书记强调："网络空间的竞争，归根结底是人才竞争。""网信领域是技术密集型、创新密集型领域，千军易得、一将难求，必须聚天下英才而用之。"

95 我国在哪一年增设"网络空间安全"一级学科？

2015年6月11日，《国务院学位委员会 教育部关于增设网络空间安全一级学科的通知》发布。该《通知》指出，为实施国家安全战略，加快网络空间安全高层次人才培养，决定在"工学"门类下增设"网络空间安全"一级学科，学科代码为"0839"，授予"工学"学位。为加快网络空间安全高层次人才的培养，2015年10月30日，教育部发布《关于开展增列网络空间安全一级学科博士学位授权点工作的通知》，决定增列"网络空间安全"一级学科博士学位

授权点。2016 年 1 月 28 日，国务院学位委员会正式下发《国务院学位委员会关于同意增列网络空间安全一级学科博士学位授权点的通知》，共计 29 所高校获得首批网络空间安全一级学科博士学位授权点资格。

> **》延伸阅读**　**《关于加强网络安全学科建设和人才培养的意见》**
>
> 　　2016 年，6 部门联合印发《关于加强网络安全学科建设和人才培养的意见》，推动加快网络安全学科专业和院系建设，创新网络安全人才培养机制。各地以人才为先机、以产业为抓手，加快推进国家网络安全人才与创新基地建设，一批网络安全学院和网络安全企业整体入驻、落户。我国网络安全人才培养进程不断加快，技术能力稳步提高，产业体系快速发展，人才培养、技术创新、产业发展的良性生态正在加速形成。

《关于加强网络安全学科建设和人才培养的意见》全文

一流网络安全学院建设示范项目的成效如何?

2017 年以来，中央网信办、教育部组织实施一流网络安全学院建设示范项目，网络安全人才培养规模大幅增长，人才培养模式不断创新，极大促进了网络安全人才培养工作。截至 2024 年初，全国范围内已有 90 余所高校设立网络安全学院，200 余所高校设置网络安全相关专业。

一流网络安全学院建设示范项目取得积极成效
（图片来源：2024 年国家网络安全宣传周《网络安全知识宣传手册》）

❯ 重要论述　习近平总书记关于建设一流网络安全学院的重要指示

2016 年 4 月 19 日，习近平总书记在网络安全和信息化工作座谈会上强调，要下大功夫、下大本钱，请优秀的老师，编优秀的教材，招优秀的学生，建一流的网络空间安全学院。

97　哪些高校入选新一期一流网络安全学院建设示范项目？

为贯彻落实习近平总书记关于加强一流网络安全学院建设和坚持网络安全教育技术产业融合发展的重要指示精神，经高校申报、专家评审等环节，2024 年 1 月，中央网信办、教育部评选产生新一期一流网络安全学院建设示范项目高校，16 所高校入选新一期一流网络安全学院建设示范项目。名单如下：华中科技大学、西安电子科技大学、北京航空航天大学、上海交通大学、山东大学、北京邮电大学、中国科学技术大学、东南大学、暨南大学、武汉大学、北京理工大学、湖南大学、哈尔滨工业大学、西北工业大学、天津大学、战略支援部队信息工程大学。

一流网络安全学院建设示范项目

（图片来源：2024 年国家网络安全宣传周《网络安全知识宣传手册》）

什么是"网络安全学院学生创新资助计划"？

2022 年 7 月 1 日，在中央网信办指导下，天融信科技集团、奇安信集团、蔚来、蚂蚁集团、一流网络安全学院、中国网络空间安全协会、中国互联网发展基金会共同发起"网络安全学院学生创新资助计划"。资助计划旨在鼓励和资助高校网络安全学院学生开展创新活动，培育网络安全人才创新能力，将为选拔培养网络安全领域应用型人才、网信企业技术创新提供新的动力与平台。

"网络安全学院学生创新资助计划"二期启动签约仪式

> **延伸阅读** "网络安全学院学生创新资助计划"实施情况

2022 年，第一期资助计划面向一流网络安全学院的 240 名学生开展，共资助 1440 万元，形成 600 余项创新成果。正在开展的第二期资助计划范围扩大至 31 所高校网络安全学院的 320 名学生，资助金额提高至 1920 万元。

99 我国在网络安全产品管理方面有哪些要求？

《网络安全法》第二十三条规定，网络关键设备和网络安全专用产品应当按照相关国家标准的强制性要求，由具备资格的机构安全认证合格或者安全检测符合要求后，方可销售或者提供。国家网信部门会同国务院有关部门制定、公布网络关键设备和网络安全专用产品目录，并推动安全认证和安全检测结果互认，避免重复认证、检测。为落实《网络安全法》有关规定，国家网信办会同工业和信息化部、公安部、国家认监委等部门更新了网络关键设备和网络安全专用产品目录，确定承担安全认证和安全检测任务的机构，明确认证检测结果统一发布流程。

建设国家网络安全人才与创新基地的目的是什么？目前有哪些基地？

　　建设国家网络安全人才与创新基地是顺应信息时代发展需要的国家战略，是维护国家网络安全的迫切要求。2016 年 9 月，全国首个国家网络安全人才与创新基地正式落户湖北省武汉市东西湖区，以武汉大学和华中科技大学两所"双一流"高校为阵地，建设一流网络安全学院，形成本硕博及博士后完整办学体系。全国 50 强网络安全企业已全部落户武汉基地，校企合作科研创新成效显著。

2023 年，福州市获批创建国家网络安全人才与创新（福州）基地，将依托福州"一城四区、十片多点"的科创走廊，叠加建设"网络安全产业走廊"，串联起网络安全学院、网络安全龙头企业、网络空间安全中心、网络安全研发平台、网络安全态势感知中心、网络空间共享靶场等重要节点，形成创新、联动、融合的发展格局。

国家网络安全人才与创新（武汉）基地

什么是国家网络安全教育技术产业融合发展试验区？

国家网络安全教育技术产业融合发展试验区由中央网信办、教育部、科技部、工信部共同组织实施，旨在探索网络安全教育技术产业融合发展的新机制新模式，形成一系列鼓励和支持融合发展的制度和政策，培育一批支撑融合发展的创新载体，进而总结形成可借鉴可复制可推广的经验做法，推动在全国范围内形成网络安全人才培养、技术创新产业发展的良性生态。

首批国家网络安全教育技术产业融合发展试验区授牌仪式

❯ 延伸阅读 首批国家网络安全教育技术产业
融合发展试验区有哪些?

　　首批国家网络安全教育技术产业融合发展试验区包括:安徽省合肥高新技术产业开发区、北京市海淀区、陕西省西安市雁塔区、湖南省长沙高新技术产业开发区、山东省济南高新技术产业开发区。

北京市海淀区四季慧谷·国家网络安全产业园

102 中国网络空间安全协会是什么组织？有什么作用？

中国网络空间安全协会是由中央网信办主管的全国性、行业性、非营利性社会组织，成立于 2016 年 3 月 25 日，由国内从事网络空间安全相关产业、教育、科研、应用的机构、企业及个人自愿结成。截至 2025 年 2 月，中国网络空间安全协会共有单位会员 612 家，个人会员 326 人，囊括了国内主要互联网企业和网络安全企业、权威科研机构及网络安全领域的权威专家。

中国网络空间安全协会在网络安全领域充分发挥协会桥梁纽带作用，发动社会各个方面参与维护国家网络空间安全，包括：组织专家力量，支撑网络安全相关法案起草，推进网络安全法律体系建设；秉承服务宗旨，及时了解会员需求，积极向主管部门反映情况、提出意见建议，为企业发展提供服务和支撑；着力促进网络安全行业自律，积极引导网络环境下各类企业履行网络安全责任，推动网络安全产业健康有序发展；积极开展网络空间安全人才发掘和培养教育工作，切实提升全社会网络安全意识；充分发挥协会"二轨"作用，积极开展国际交流，参与全球网络空间治理。

中国网络空间安全协会 Logo

"中国网络空间安全协会"微信公众号

103　国家网络安全宣传周的重要意义是什么？

为提升全社会的网络安全意识和安全防护技能，2014 年，我国举办首届国家网络安全宣传周活动，以"共建网络安全，共享网络文明"为主题，通过一系列活动，营造网络安全人人有责、人人参与的良好氛围。2015 年，第二届国家网络安全宣传周活动以"共建网络安全，共享网络文明"为主题，设立了启动日、金融日、电信日、政务日、科技日、法治日、青少年日七个主题日，并开展了一系列专题讲座，普及网络安全知识。

为确保国家网络安全宣传周规范化、制度化、长效化，2016 年中央网信办等部门联合印发《国家网络安全宣传周活动方案》，决定在每年 9 月份第三周举办网络安全宣传周活动。自 2016 年第三届国家网络安全宣传周活动举办以来，每年的主题均为"网络安全为人民，网络安全靠人民"。

2024 年国家网络安全宣传周"网络安全技术高峰论坛主论坛暨粤港澳大湾区网络安全大会"在广州举行

〉延伸阅读　2024 年国家网络安全宣传周

　　2024 年 9 月 9 日至 15 日，国家网络安全宣传周在全国范围统一开展，开幕式等重要活动在广东省广州市举行，主题为"网络安全为人民，网络安全靠人民"。

　　2024 年国家网络安全宣传周聚焦网络安全教育、技术、产业融合发展，突出"联动湾区、协同港澳"和"推动科技产业创新、助力高质量发展"两大特色，举办"校园日""电信日""法治日""金融日""青少年日""个人信息保护日"六个主题日活动，以及网络安全进基层、网络安全线上知识竞赛、网络安全微视频征集、网络安全"媒体行""专家行""公众行"等活动，让网络安全宣传深入基层、贴近群众，提升全社会齐参与的热情。活动期间广州地区辐射人群超千万人次。据不完全统计，在广东广州举办的2024年国家网络安全宣传周开幕式等重要活动，全网相关信息总量超42.39万条，曝光量超13亿次。"2024年国家网络安全宣传周""广州进入2024网安周时间"等话题登上新浪微博、今日头条热搜榜第3位。

"国家网络安全宣传周"微信公众号

国家网络安全宣传周官方网站

2024年国家网络安全宣传周宣传片《网络安全　生活安心》发布

篇九

网络安全国际合作

104 推动构建网络空间命运共同体的重要意义是什么？

2015 年 12 月 16 日，在第二届世界互联网大会开幕式上，习近平主席首次提出"构建网络空间命运共同体"理念，强调"各国应该加强沟通、扩大共识、深化合作，共同构建网络空间命运共同体"。2022 年 11 月 7 日，国务院新闻办公室发布《携手构建网络空间命运共同体》白皮书，明确指出："网络空间命运共同体是人类命运共同体的重要组成部分，是人类命运共同体理念在网络空间的具体体现。网络空间命运共同体所包含的关于发展、安全、治理、普惠等方面的理念主张，与人类命运共同体理念既一脉相承，又充分体现了网络空间的客观规律和鲜明特征。同时，推动构建网络空间命运共同体，将为构建人类命运共同体提供充沛的数字化动力，构筑坚实的安全屏障，凝聚更广泛的合作共识。"

《携手构建网络空间命运共同体》白皮书

105 推进全球互联网治理体系变革的"四项原则"是什么?

2015 年 12 月 16 日，习近平主席在第二届世界互联网大会的主旨演讲中，提出了推进全球互联网治理体系变革的"四项原则"：尊重网络主权、维护和平安全、促进开放合作、构建良好秩序。

习近平出席第二届世界互联网大会开幕式
并发表主旨演讲

106 关于构建网络空间命运共同体的"五点主张"有哪些?

习近平主席提出的关于构建网络空间命运共同体

的"五点主张"是：加快全球网络基础设施建设，促进互联互通；打造网上文化交流共享平台，促进交流互鉴；推动网络经济创新发展，促进共同繁荣；保障网络安全，促进有序发展；构建互联网治理体系，促进公平正义。

107　中国参与网络空间国际合作的战略目标是什么？

2017 年 3 月 1 日，外交部和国家互联网信息办公室共同发布《网络空间国际合作战略》，确立了中国参与网络空间国际合作的战略目标：坚定维护中国网络主权、安全和发展利益，保障互联网信息安全有序流动，提升国际互联互通水平，维护网络空间和平安全稳定，推动网络空间国际法治，促进全球数字经济发展，深化网络文化交流互鉴，让互联网发展成果惠及全球，更好造福各国人民。

108 中国推动并参与网络空间国际合作的行动计划主要有哪些？

《网络空间国际合作战略》从九个方面提出了中国推动并参与网络空间国际合作的行动计划：倡导和促进网络空间和平与稳定、推动构建以规则为基础的网络空间秩序、不断拓展网络空间伙伴关系、积极推进全球互联网治理体系改革、深化打击网络恐怖主义和网络犯罪国际合作、倡导对隐私权等公民权益的保护、推动数字经济发展和数字红利普惠共享、加强全球信息基础设施建设和保护、促进网络文化交流互鉴。

109 中国在深化网络安全领域国际合作方面采取了哪些措施？

中国积极参与构建安全稳定繁荣的网络空间。近年来，中国积极履行国际责任，加强网络安全领域合作伙伴关系，深化网络安全应急响应国际合作，共同打击网络犯罪和网络恐怖主义。《网络空间国际合作战略》的发布、《全球数据安全倡议》《全球人工智能治理倡议》《全球数据跨境流动合作倡议》的相继提出、"中非携手构建网络空间命运共同体倡议"的发起等，都是中国积极参与全球互联网治理机制、不断深化数字经济国际合作、共同维护网络空间安全、促进互联网普惠包容发展的印证。

2024 年世界互联网大会乌镇峰会

（图片来源：世界互联网大会国际组织官方网站）

> **延伸阅读** 2024 年世界互联网大会乌镇峰会网络安全技术发展与国际合作论坛举行

2024 年 11 月 21 日，2024 年世界互联网大会乌镇峰会网络安全技术发展与国际合作论坛在浙江乌镇举行。论坛以"智能向善，人工智能安全风险与治理"为主题，为应对当前人工智能相关安全和治理问题寻找解决方案，促进构建开放、公正、有效的治理机制。

论坛上，埃塞俄比亚信息网络安全部、国际电信联盟、阿拉伯信息通信技术组织、阿联酋 ae-CERT、巴基斯坦信息安全协会、智利国家人工智能中心等多家国际组织和国内外知名企业负责人围绕论坛主题作主旨演讲，分享国内外的经验和最佳实践，探讨各国各地区人工智能安全与治理的最新进展，立足国际视野深入挖掘人工智能和网络安全融合创新的机遇与挑战。论坛上 CNCERT（国家计算机网络应急技术处理协调中心）发布了《人工智能赋能网络安全应急响应合作倡议》，促进人工智能赋能网络安全应急能力建设，推动人工智能和网络安全融合创新。来自政府、国际组织、研究机构、行业组织、企业等 100 余位代表参加论坛。

世界互联网大会国际组织是在什么时间成立的？

世界互联网大会国际组织正式成立于 2022 年 7 月 12 日，是由致力于推动全球互联网发展的相关企业、组织、机构和个人等自愿结成的国际性、行业性、非营利性社会组织，总部设在中国北京，宗旨是搭建全球互联网共商共建共享平台，推动国际社会顺应信息时代数字化、网络化、智能化趋势，共迎安全挑战，共谋发展福祉，携手构建网络空间命运共同体。世界互联网大会会员来自全球互联网领域领军企业、权威机构、行业组织与知名专家学者以及相关国际机构。目前，已有来自 6 大洲 30 余个国家和地区的 170 余家互联网领域的机构、组织、企业及个人成为世界互联网大会会员。

世界互联网大会国际组织 Logo

习近平向世界互联网大会国际组织成立致贺信

 **关于人工智能安全治理，我国发布了哪些立场文件？**

　　人工智能是人类发展的新领域，带来重大机遇，也伴随着难以预知的风险挑战，需要国际社会共同应对。关于人工智能军事应用和伦理治理，中国先后向联合国提交《中国关于规范人工智能军事应用的立场

文件》《中国关于加强人工智能伦理治理的立场文件》等立场文件。

2023 年 10 月，中国提出《全球人工智能治理倡议》。这是我国积极践行人类命运共同体理念，落实全球发展倡议、全球安全倡议、全球文明倡议的具体行动。2024 年 7 月，第 78 届联合国大会以协商一致方式通过了中国主提的"加强人工智能能力建设国际合作"决议，140 多个国家参加联署。2024 年 7 月，2024 世界人工智能大会暨人工智能全球治理高级别会议发表《人工智能全球治理上海宣言》，强调共同促进人工智能技术发展和应用的必要性，同时确保其发展过程中的安全性、可靠性、可控性和公平性，促进人工智能技术赋能人类社会发展。

《人工智能全球治理上海宣言》全文

112 中国关于人工智能治理的主张是什么？

2023 年 10 月，习近平主席在第三届"一带一路"国际合作高峰论坛开幕式上的主旨演讲中提出《全球人工智能治理倡议》，强调"愿同各国加强交流和对话，共同促进全球人工智能健康有序安全发展"。

《全球人工智能治理倡议》围绕人工智能发展、安全、治理三方面系统阐述了人工智能治理中国方案。其核心内容包括：坚持以人为本、智能向善，确保人工智能朝着有利于人类文明进步的方向发展；坚持相互尊重、平等互利，反对以意识形态划线或构建排他性集团，恶意阻挠他国人工智能发展；推动建立人工智能风险等级测试评估体系，不断提升人工智能技术的安全性、可靠性、可控性、公平性；支持在充分尊重各国政策和实践差异性基础上，形成具有广泛共识的全球人工智能治理框架和标准规范，支持在联合国框架下讨论成立国际人工智能治理机构；开展面向发展中国家的国际合作与援助，弥合智能鸿沟和治理能力差距等。

［第三届"一带一路"国际合作高峰论坛开幕式］国家主席习近平发表主旨演讲

《全球人工智能治理倡议》全文

113　中国发起的《全球数据安全倡议》主要包括哪些内容？

2020 年，中国提出《全球数据安全倡议》，主要内容包括：一是以事实为依据全面客观看待数据安全问题，致力于维护全球信息技术产品和服务的供应链开放、安全和稳定。二是反对利用信息技术破坏他国关键基础设施或窃取重要数据。三是采取措施防范和制止利用网络侵害个人信息的行为，不得滥用信息技术对他国进行大规模监控，或非法采集他国公民个人信息。四是要求企业严格遵守当地法律，不得要求本国企业将境外产生、获取的数据存储在本国境内。五是尊重他国主权、司法管辖权和对数据的安全管理权，未经他国法律允许不得直接向企业或个人调取位于他国的数据。六是应通过司法协助等渠道解决执法跨境数据调取需求。七是信息技术产品和服务供应企业不得在产品和服务中设置后门，非法获取用户数据。八是信息技术企业不得利用用户对产品依赖性谋取不正当利益。

《全球数据安全倡议》全文

114 《全球数据跨境流动合作倡议》提出了哪些建设性解决思路？

2024 年 11 月 16 日，习近平主席在亚太经合组织第三十一次领导人非正式会议上提出《全球数据跨境流动合作倡议》。该《倡议》于 11 月 20 日在世界互联网大会乌镇峰会正式发布，就各方普遍关切的数据跨境流动治理问题提出了建设性解决思路，明确中国促进全球数据跨境流动合作的立场主张，倡导秉持开放、包容、安全、合作、非歧视的原则，推动构建开放共赢的数据跨境流动国际合作格局，促进数据跨境高效便利安全流动。这是继《全球数据安全倡议》后，中方就数据问题发布的又一重要倡议，体现了习近平主席关于推动构建网络空间命运共同体理念的核心要义，展现了中国统筹发展安全、完善数字治理、践行多边主义的坚定决心。

《全球数据跨境流动合作倡议》全文

二维码索引

 《阔步迈向网络强国》第 4 集　筑牢网络安全
屏障　/005

 习近平对国家网络安全宣传周作出重要指示强调　坚
持安全可控和开放创新并重　提升广大人民群众
在网络空间的获得感幸福感安全感　/012

 《中华人民共和国网络安全法》全文　/021

 《中华人民共和国数据安全法》全文　/024

 《中华人民共和国个人信息保护法》全文　/026

 《中华人民共和国密码法》全文　/028

 《关键信息基础设施安全保护条例》全文　/029

后　记

　　网络安全是国家安全的重要组成部分。没有网络安全就没有国家安全，就没有经济社会稳定运行，广大人民群众利益也难以得到保障。党的十八大以来，以习近平同志为核心的党中央高度重视网络安全工作。习近平总书记多次发表重要讲话、作出重要指示批示，从党和国家事业发展全局的高度对网络安全工作作出一系列新部署新要求，强调要筑牢网络安全防线，提高网络安全保障水平，坚决维护国家网络安全。为深入贯彻落实总体国家安全观，引导广大干部群众树立正确的网络安全观，持续筑牢国家网络安全屏障，中央有关部门组织编写了本书。

　　本书由中央网信办牵头负责编写。王京涛任本书主编，高林、王江任副主编，张光明、石铀、崔玉伟、王文君、张春起、朱羡、罗锋盈、袁广翔、尤雪云、王建朝、刘博、白江、梁博任编委会成员。本书调研、写作和修改主要工作人员有：杨桢、宋涛、刘文洋、李俊华、李超、吕鲁宁、陈琦、李民、安启明、雷君、姜伟、王海宁、李祥宇、袁丰沛、凌靖斌、张妍、宋首友、赵高华、王普、林浩、张璨、翟优。提出修改意见的人员有：张力、刘欣然、刘建伟、翟立东、王娟娟等。李凤、郑昊楠等在图片方面提供了帮助。本书由中央网信办网络安全协调局具体牵头编写，中国网络空间研究院在组织专家、具体编撰中发挥了重要作用，人民出版社等单位给予了大力支持。在此，一并表示衷心感谢。

书中如有疏漏和不足之处，还请广大读者提出宝贵意见。

编　者

2025 年 4 月

责任编辑：任　法
责任校对：任　校

图书在版编目（CIP）数据

国家网络安全知识百问 ／《国家网络安全知识百问》
编写组著 . －－ 北京 ： 人民出版社，2025.4.

ISBN 978 － 7 － 01 － 027236 － 8

Ⅰ．D631-44 ；TP393.08-44

中国国家版本馆 CIP 数据核字第 2025X99V05 号

国家网络安全知识百问

GUOJIA WANGLUO ANQUAN ZHISHI BAIWEN

本书编写组

人民出版社 出版发行

（100706　北京市东城区隆福寺街 99 号）

北京尚唐印刷包装有限公司印刷　新华书店经销

2025 年 4 月第 1 版　2025 年 4 月北京第 1 次印刷
开本：880 毫米 ×1230 毫米 1/32　印张：6.125
字数：83 千字

ISBN 978 － 7 － 01 － 027236 － 8　定价：30.00 元

邮购地址 100706　北京市东城区隆福寺街 99 号
人民东方图书销售中心　电话（010）65250042　65289539